AF603124

BIOGRAPHIE

DE

FRANCISQUE MANDET

BIOGRAPHIE

DE

FRANCISQUE MANDET

PAR

H. GOMOT

DÉPUTÉ, ANCIEN MINISTRE

PARIS

IMPRIMERIE QUANTIN

7, RUE SAINT-BENOIT

—

1887

BIOGRAPHIE

DE

F. MANDET

Une amitié de vingt-sept années m'attache à celui dont je veux écrire l'histoire ; amitié douce et tendre, exempte de défaillances. Quand je connus M. Francisque Mandet, j'avais vingt ans. Il voulut être mon soutien, mon guide et, malgré la différence de nos âges, mon ami. Avec l'expansion de sa nature, il m'ouvrit largement son intelligence et son cœur. Ses travaux devinrent les miens, ses aspirations intellectuelles furent bientôt les miennes. Cette collaboration de la pensée et du travail a duré jusqu'à sa mort, car la mort seule pouvait nous séparer. Je ne crois pas avoir rien entrepris sans le consulter, ni rien produit sans lui demander de mettre dans mon travail quelque chose qui fût de lui. Montaigne raconte que, dans ses jours de tristesse ou de doute, il se revêtait du manteau paternel, et qu'alors il se sentait enveloppé de son père. Mon sentiment était le même quand je sollicitais le concours de mon vieil ami. En dehors de sa direction éclairée, de l'éclat de son style, de sa merveilleuse méthode, j'y trouvais une grande satisfaction de cœur ; c'était comme un talisman pour mon œuvre et pour moi.

Au cours d'un entretien, il me dit un jour : « Je vous charge d'écrire ma biographie. — Si nous la commencions ensemble », lui répondis-je sans réfléchir. Nous avons ri souvent de cette singulière repartie. En écrivant ces lignes, j'obéis donc à la manifestation d'un désir qui est pour moi une loi et à un besoin de mon cœur. Je fais un retour vers le passé, j'évoque les années disparues et j'éprouve un grand charme à les faire revivre, car, dans cette tâche, je me sens enveloppé de mon meilleur ami.

I

La famille de M. Mandet est originaire de Riom. Personne n'eut moins que lui l'ambition des généalogies, il savait ce qu'elles valent. Cependant, il eût pu citer parmi ses ancêtres plusieurs magistrats distingués de la sénéchaussée d'Auvergne. Son père, Antoine Mandet, quitta Riom en 1798 et alla s'établir au Puy, où il tint longtemps la première place à ce barreau qui a compté d'éminents jurisconsultes. Sa mère, Justine Parouty, d'une vieille famille de Clermont-Ferrand, était fort belle; on la citait pour son esprit prompt et brillant.

Francisque Mandet est né au Puy le 29 août 1811 [1]. Son ascendance était tout auvergnate, le sort le fit enfant du Velay; il a aimé ces deux provinces du même amour.

1. Voir appendice, note 1.

Au seuil de la vie, une grande douleur lui était réservée. Il perdit sa mère au moment même où il pouvait apprécier ce qu'il y avait en elle de noble et de bon et la dure discipline du collège fut substituée à la vie de famille.

Combien de fois M. Mandet m'a-t-il parlé de ses longues années d'études à Clermont-Ferrand! Le collège ne lui inspirait pas cet enthousiasme de commande qu'affectent tant de gens. Pour lui, c'était la geôle sombre et froide où pas une caresse, pas un sourire ne viennent au cœur de l'enfant. Il ne pouvait rappeler cette période de sa vie sans tristesse ni sans émotion ; jamais prisonnier n'a gardé de sa prison un plus pénible souvenir.

Cependant, il y avait beaucoup travaillé. Deux études surtout l'avaient séduit : l'histoire, les mathématiques. En quittant le lycée, il dirigea ses vues vers l'École polytechnique et passa même un examen avec succès; mais son père voulait l'avoir près de lui au barreau. Il le poussa donc à l'étude du droit que le jeune homme commença sans résistance, mais sans enthousiasme.

La vie de Paris se présentait devant lui pleine d'attrait. Ses relations de famille lui ouvraient les salons de la haute finance, mais ses goûts le portaient vers le monde des artistes et des lettrés.

Il s'y créa de nombreux amis et, malgré sa jeunesse, collabora à plusieurs journaux. Le théâtre surtout l'attirait. Casimir Delavigne lui montra de la bienveillance et Scribe l'encouragea dans ses essais. Il ne m'appartient pas de parler ici de productions dramatiques sur lesquelles M. Mandet lui-même jugeait à propos de tirer un voile, mais je devais noter ce goût pour les œuvres scéniques qui se conserva jeune et vivace jusque dans les dernières années de son existence.

Au milieu de ses succès dans le monde parisien, il n'avait pas abandonné ses amis de province, car toujours il eut l'affection fidèle. Un petit cercle s'était créé dont il était l'âme par son entrain, sa bonne humeur, son esprit toujours en éveil. Il y venait des jeunes gens du Puy-de-Dôme, de la Haute-Loire, de l'Allier. M. le sénateur Salneuve m'a souvent raconté sa première entrevue avec M. Mandet dont il devint l'ami ; ils furent mis en rapport par M. Félix Grellet, plus tard représentant du peuple, et M. Achille Allier qui déjà pensait à écrire sa belle histoire du Bourbonnais :

« Je n'oublierai jamais, m'écrit M. Salneuve « que j'ai prié de retracer cette première entre- « vue, mon impression de ce jour-là. Mandet « était dans toute la plénitude de la force et de « la jeunesse. Il avait un langage imagé, un « esprit inépuisable, des reparties inouïes. « J'étais séduit et subjugué par cette verve « communicative, et tout le monde éprouvait « le même sentiment que moi... »

Le jeune étudiant en droit resta à Paris cinq années, et il ne songeait guère à en revenir, car le temps lui semblait avoir des ailes. Mais tout a une fin, surtout les périodes heureuses de la vie. Le grade de licencié, qu'il venait d'obtenir, l'obligeait à prendre une résolution.

Il avait le meilleur des pères et il était le plus respectueux des fils. Au premier signal il rentra dans sa ville natale pour revêtir la robe d'avocat. Le 13 novembre 1835, le bâtonnier du Puy eut la satisfaction de présenter lui-même son fils au Tribunal et de le faire admettre au stage.

Sous la direction d'un tel maître, il prit rapidement une situation au barreau. Il plaida un certain nombre de procès civils et se fit remarquer à la Cour d'assises par ses improvisations véhémentes. Cette tâche ne suffisant pas à son activité, il se mit à étudier, sous l'inspiration des Bertrand de Doue et des Becdelièvre, l'histoire du Velay et se mêla avec toute la fougue de la jeunesse au mouvement littéraire de l'époque.

Ce genre d'études avait plus de charmes pour lui que les luttes du barreau. Tout le temps qu'il pouvait dérober aux affaires, il le passait à Paris, travaillant à la Bibliothèque nationale, à l'Arsenal, aux Archives dont Mérimée, devenu son guide affectueux, lui avait facilité l'accès. Pendant ses voyages il se lia avec M. Boilay, directeur du *Constitutionnel*, avec MM. Chotard et Paul Bernard du *Nouvelliste*. Les colonnes de ces journaux lui furent ouvertes; il y publia des articles de critique littéraire, un feuilleton et quelques chroniques; mais les nécessités de sa profession ne lui permettaient pas une collaboration assidue.

Il était aussi retenu à Paris par l'amitié fraternelle que lui inspirait son parent M. Alfred Chenest, nature droite, loyale, généreuse, pour laquelle il avait autant d'estime que de sympathie. Il vivait avec lui, avec MM. Chateau, de Parron, de Croze; il fréquentait aussi le monde des artistes, particulièrement Balthazar et Amaury Duval, qui tous deux firent son portrait; cela durait deux mois, trois mois, puis il s'arrachait à leurs instances et rentrait au logis. Il reprenait ses études avec ardeur, envoyait à l'Institut d'incessantes communications, et Mérimée, surpris de tant de persévérance pour des travaux un peu arides, lui écrivait (7 avril 1840) une aimable lettre qui finissait par cette recommandation : « Gardez-vous bien d'oublier, par amour de l'archéologie, les beaux yeux des demoiselles du Puy. »

M. Mandet aimait le Velay, mais il aimait avant tout Paris. Une lettre écrite à M. de Croze le 15 janvier 1841 reflète bien les deux sentiments qui agitent péniblement son âme :

« Pour moi, je l'avoue, ma journée m'é-
« chappe sans que je puisse la voir passer.
« Assis dans mon grand fauteuil, à côté d'ex-
« cellents livres, amoureux de l'étude comme
« aux premiers jours, je ne me trouve pas
« trop à plaindre. » La phrase indique une résignation que l'on peut prendre, au besoin, pour du contentement. Mais tout à coup la pensée intime se fait jour, violente, presque brutale : « Vraiment, si je laissais l'ambition
« me mordre au cœur, si j'écoutais ces voix de
« sirènes qui chantent à notre oreille dans la
« solitude, et qui toujours nous appellent pour
« nous trahir, si je venais trop à penser... à
« penser à la vie passionnée, brillante, intel-

« lectuelle de Paris, je serais désespéré et sé-
« cherais de dépit ou mourrais de honte. Ne
« me dites donc pas d'arriver. Je ne serais que
« trop prompt à vous entendre. N'éveillez pas
« dans mon cœur le désir qui sommeille.
« Donnez-moi, au contraire, le courage de
« l'endormir encore... »

Il n'avait rien de secret pour son père et lui racontait franchement ses irrésolutions. Le vieil avocat ne voulait pas lancer son fils bien-aimé dans les incertitudes de la vie de Paris ; puis il sentait l'âge venir et était bien aise de le fixer près de lui. Il eut alors la pensée de le marier suivant son cœur à une jeune personne dont il avait pu, dans une longue intimité, étudier les qualités et l'intelligence, Mlle Clémence Rolland, fille de son vieil ami M. Rolland, directeur departemental des contributions indirectes. Francisque Mandet comprit bien vite où le bonheur devait se trouver désormais. Le mariage eut lieu le 19 octobre 1841. Dès lors les visions troublantes disparurent, l'incertitude cessa d'inquiéter son esprit. Il n'eut plus d'autre désir que de rester dans sa ville natale, partageant son temps entre ses travaux, ses amis et le bonheur calme de la famille.

A quelque distance du Puy, sur un monticule couronné d'arbres séculaires, il avait aménagé une charmante habitation, la Roche-Arnaud. De la terrasse on voit la vieille cité, la cathédrale, Saint-Michel, Polignac, Espaly et tout le panorama de la vallée. Chaque soir, il y venait avec ses intimes, le baron Raynaud, Eugène Assézat de Bouteyre qui parfois partageait le labeur de ses recherches sur l'histoire locale, Polydore Fabre, Charles Calemard de Lafayette, Vissaguet, le savant docteur Raynaud dont il m'a été donné souvent d'admirer la science profonde et l'esprit original. C'est à la Roche-Arnaud que M. Mandet a écrit ses premiers ouvrages ; il se rappelait toujours avec attendrissement les heureux instants qu'il avait passés dans ce modeste domaine.

II

L'année 1843 marqua, pour M. Mandet, un changement de carrière. Il renonça au barreau et obtint la place de substitut au tribunal du Puy. Nulle fonction ne convenait mieux à ses aspirations intellectuelles que celles de la magistrature. Il eut la bonne fortune d'avoir pour chef M. Enjubault, auquel il resta toujours profondément attaché, et pour collègue M. Louis Bertrand, avec qui il se lia d'une amitié qui a survécu au temps et à l'absence. Cette nomination semblait devoir être un nouveau lien pour le retenir au Puy. Le temps n'était pas des ambitions sans limites et des avancements rapides. Les fonctions du parquet sont les plus attrayantes de la magistrature : satisfait de les avoir obtenues dans son propre pays, M. Mandet n'avait plus qu'un but, les remplir le plus longtemps possible et mériter ainsi une place de juge à son tribunal.

Les années s'écoulaient et il vivait heureux au milieu de ses collègues lorsque des événements imprévus vinrent troubler sa quiétude. La révolution de 1848 éclata comme un coup de foudre. A peine la nouvelle en était-elle parvenue dans les départements que de violentes attaques étaient dirigées contre tous ceux qui avaient servi la monarchie de Louis-Philippe; en France on croit volontiers qu'en changeant les fonctionnaires on modifie l'esprit des populations. Les parquets surtout étaient menacés, et les deux substituts du Puy, malgré leur libéralisme bien connu, s'attendaient à une révocation. La date ne pouvait en être lointaine, car les commissaires nommés par le gouvernement se rendaient dans chaque département munis de pleins pouvoirs.

Un beau matin, on vit arriver au Puy un gros homme, chaussé de sabots, couvert d'une houppelande, un bonnet de feutre sur la tête, à la bouche une pipe de deux sous; c'était M. Toussaint Bravard, médecin à Jumeaux, un républicain de vieille date qui avait souffert pour sa cause. Sous des apparences rustiques il cachait une réelle intelligence, beaucoup de pénétration et la passion de la justice. Il écouta avec attention toutes les plaintes, et ce n'était pas une petite besogne; mais, à travers ce flot de dénonciations, il vit poindre beaucoup de vengeances et plus encore de convoitises. Aussi se tint-il en garde et, après avoir fait quelques exécutions jugées indispensables, il résolut de ne pas aller plus avant.

On le pressait d'agir, on l'accusait de faiblesse, de *modérantisme*. Il laissait dire, et pour calmer les plus impatients il annonçait la prochaine venue de M. Martin Bernard, commissaire général de la République pour les départements du Rhône, de la Loire, de la Haute-Loire et de l'Ardèche.

En effet, M. Martin Bernard arriva bientôt. Le prisonnier légendaire du mont Saint-Michel et de Doullens était un de ces hommes qui honorent leur parti par l'intégrité, le désintéressement, l'héroïsme, mais qui s'exposent à le perdre par leur recherche obstinée de l'absolu. Il était fait pour vivre dans la République de Platon plus que dans la nôtre. Il avait toutes les vertus de l'homme politique, mais il manquait de toutes les qualités nécessaires à l'administrateur. Toutefois M. Toussaint Bravard n'eut pas de peine à lui faire partager la modération de ses vues. Martin Bernard eût supporté mille morts pour défendre ses convictions, mais les questions de personnes lui étaient indifférentes, et, poussé à bout, il manifesta hautement sa répugnance à faire les hécatombes qu'on réclamait de lui.

Il reçut les corps constitués avec une grande courtoisie et affirma en quelques mots les principes qu'il avait mission de faire prévaloir. Puis les présentations individuelles eurent lieu. M. Toussaint Bravard en fit tous les frais avec beaucoup de finesse et de présence d'esprit. Le tribunal allait se retirer lorsque M. Martin Bernard, qui jusque-là était resté silencieux, sombre, s'approcha de M. Mandet, lui prit affectueusement la main et le pria de lui donner quelques instants. Le commissaire général du gouvernement de la République était le frère de M. Auguste Bernard, l'historiographe du Lyonnais et du Forez, que M. Mandet avait vu souvent chez Augustin Thierry et chez Mérimée. Ils se livraient à des recherches sur des provinces voisines l'une de l'autre et dont les destinées ont été souvent confondues; cette similitude de travaux avait été l'occasion d'une correspondance assez suivie, et ils ne manquaient jamais l'occasion de se donner réciproquement des marques de sympathie. Auguste Bernard avait donc chargé son frère, archéologue comme lui, de ses meilleurs souvenirs pour le substitut du tribunal du Puy, et voilà comment M. Mandet, fort surpris de l'incident, sortait un instant après de la préfecture entre M. Martin Bernard et M. Toussaint Bravard pour leur montrer les curiosités de la ville.

Il eût pu être maintenu au Puy, mais il avait

souffert de la situation faite à quelques-uns de ses amis: son collègue Bertrand avait généreusement donné sa démission : de graves dissentiments, des rancunes divisaient désormais la société du Puy jadis si plaisible et si unie. M. Mandet prit donc une détermination bien dure à son cœur: il demanda son changement.

Le 8 avril 1848, il était nommé substitut du procureur général à Dijon.

Si une circonstance pouvait adoucir l'amertume de ses regrets, c'était d'être attaché à un ressort où se trouvait toute la famille de sa femme et notamment son beau-frère. M. Paul Bouchard : il y avait entre eux une sympathie vraiment fraternelle.

Les Cours d'appel étaient à cette époque et sont peut-être encore aujourd'hui des institutions fermées. Les nouveaux venus n'y sont pas accueillis sans défiance, surtout lorsqu'ils arrivent après une commotion politique. M. Mandet n'eut pas de peine à dissiper les préventions. Il avait un premier président de la monarchie et un procureur général de la

République. Comme il participait de l'ancienne et de la nouvelle magistrature, il servit entre eux d'intermédiaire, et quelques mois après les deux chefs de la Cour tombaient d'accord, peut-être pour la première fois, en demandant au garde des sceaux et en obtenant de lui la nomination du jeune substitut au poste d'avocat général.

L'avancement était prompt, il fut justifié. M. Mandet avait les qualités qui assurent les succès d'audience; il fut chargé de différentes missions dans lesquelles il fit preuve de sagesse et de décision.

Le garde des sceaux lui fit proposer une nomination dans un ressort plus important, mais les temps étaient troublés et il n'aimait pas la lutte. Il sollicita la place de conseiller à Dijon, et l'obtint non sans avoir eu à combattre l'affectueuse résistance des chefs de la Cour, notamment de M. le premier président Raoul Duval, qui considérait son entrée dans la magistrature assise comme une sorte d'abdication.

Au fond du cœur M. Mandet avait un désir qui tuait en lui toute ambition de carrière. Il voulait revenir dans son pays. Cette joie lui fut donnée le 7 avril 1850. Un décret de permutation le nomma à Riom, sa seconde patrie. Il s'y établit, satisfait de son sort, en homme heureux de fixer enfin le foyer de sa vie et d'entrer dans une grande compagnie dont il avait entendu vanter partout la science et l'intégrité.

Il devait y siéger trente et un ans et en devenir le doyen.

Il estimait très haut l'honneur d'appartenir à la grande famille judiciaire, mais il se fût bien gardé de le laisser voir. Jamais homme ne fut plus digne et plus simple, et, pour les magistrats, ce n'est pas un mince mérite d'être simple, car tout développe en eux l'esprit de caste et l'orgueil.

Sans doute il est bon que chacun de nous exagère l'importance de son rôle, et j'admets que le prestige d'une grande institution soit une force sociale; mais il y a des bornes qu'il ne faut pas franchir; la dignité, comme le talent, s'accommode d'une certaine simplicité.

Le niveau égalitaire de notre époque s'est fait sentir là comme ailleurs et l'esprit des magistrats s'est affranchi; mais combien en ai-je connu de ces pontifes de la cravate blanche, toujours prêts à transporter dans les rapports ordinaires de la vie leur importance du palais! Ils se confinaient moins par goût que pour obéir à un mot d'ordre dans le culte des textes et dans l'hypnotisme des arrêts. Dans ce monde où l'on ne s'amusait guère, les grâces de l'esprit, l'amour des lettres ou des arts étaient considérés par quelques-uns comme la marque d'une intelligence frivole. On était raide sous prétexte d'être grave; silencieux, on passait pour profond.

A la Cour de Riom il y avait une école opposée à celle-là; c'était l'ordre des lettrés; c'était aussi celle des indépendants que l'on traitait souvent en révoltés. M. Mandet en fit partie avec les Dumolin, les Enjubault, les

Verny, les du Clozel, les Grellet-Dumazeau, les Rivière, les Ancelot, les Brun de Villeret, avec tous les esprits élevés et cultivés qui détestaient le servilisme et qui n'avaient pas à abriter leur insuffisance derrière l'affectation d'un amour exclusif du droit.

Pendant neuf années il fut le doyen de la Cour où il donna toujours l'exemple du dévouement au devoir, de l'indépendance, de la dignité. Il n'avait jamais sollicité ni avancement, ni distinction, ni faveurs. Il était chevavalier de la Légion d'honneur depuis le 3 novembre 1863. Le 7 juin 1885, le garde des sceaux, sur la proposition des représentants du Puy-de-Dôme et de la Haute-Loire, lui remit la croix d'officier de la Légion d'honneur et le ressort tout entier applaudit à cette haute distinction. Quelques mois seulement séparaient M. Mandet de la retraite [1].

Un hommage bien mérité lui a été rendu, au nom de la Cour de Riom, par M. le premier

1. Voir appendice, note 2.

président Allary, dans son discours du 24 juin 1885. Je dois en reproduire ici la partie relative à la vie de M. Mandet comme magistrat.

« La noblesse des sentiments de M. Mandet, dit M. Allary, la droiture des perceptions de sa conscience, sa ferme et lumineuse raison devaient, avant tout, faire de lui un magistrat religieusement pénétré de ses devoirs. Aussi, messieurs, jusqu'au jour qui, sonnant l'heure de sa retraite, le fit descendre de son siège où l'approche de la vieillesse ne l'avait pas un seul instant ému, qu'il avait, au contraire, accueillie avec son doux sourire habituel, plus sympathique que jamais sous la neige des ans qui avait blanchi sa noble tête, M. Mandet n'a cessé de pratiquer toutes les vertus du juge : une attentive recherche de la vérité, la sagesse des avis au sein des délibérations, et, dans l'application des lois, une fermeté qu'il alliait à un fonds de naturelle bienveillance.

« Aux assises qu'il a longtemps présidées avec une rare distinction, il déployait les merveilleuses qualités de son intelligence si vive, si alerte. Habile et prompt à démasquer le mensonge qui cherche à égarer la justice, il savait conduire les débats les plus solennels avec une autorité, une loyauté de direction dont le souvenir est vivant au Palais.

« Qui ne se rappelle ses brillants et solides résumés de président? Alors, sa parole éloquente, précise, nourrie de la forte étude des grands maîtres de notre langue, s'imposait avec cette puissance que donne le talent de bien dire, éclairait et charmait à la fois.

« Vous parlerai-je enfin de ses rapports avec ses collègues? Un parfum d'exquise courtoisie et de bonté le faisait aimer, le faisait vénérer de tous.

« Son éloge, messieurs, serait trop long, s'il fallait rappeler ici l'ensemble de ses qualités, exprimer comme il conviendrait l'unanimité des regrets que fait éprouver la disparition de cet éminent esprit.

« Mais, dans une autre enceinte et plus fidèlement qu'au milieu des tristesses de ce jour, un solennel et public hommage sera rendu à la mémoire du magistrat. »

. . . .

. . . .

III

L'œuvre principale de M. Mandet est l'*Histoire du Velay*. Cet important travail n'est pas sorti de sa conception tout d'une pièce, tel que le donne l'édition de 1860-1862. Dès sa jeunesse, il avait écrit sur la patrie velavienne ; il avait colligé des légendes, publié des chroniques, réuni des chartes, jeté les bases de sa vaste entreprise. Successivement il avait livré à l'impression *les Guerres civiles, politiques et religieuses dans les montagnes du Velay* (Paris, 1840), *l'Histoire poétique et littéraire du Velay* (le Puy, 1842) et, la même année, une série de documents sur cette province. Lorsque l'éditeur Desroziers, de Moulins, voulut faire, en 1846, sa grande publication : *l'Ancienne Auvergne et le Velay*, Adolphe Michel et

Francisque Mandet se partagèrent la tâche.

Cependant M. Mandet rêvait de faire une œuvre plus complète. Puis, il était bien aise de vulgariser l'histoire de son pays. Or l'édition de Desroziers avait été tirée à un nombre restreint d'exemplaires, dans le format peu maniable de l'in-folio, et son prix élevé la rendait difficilement accessible.

En 1859, M. Mandet se mit de nouveau à l'œuvre, et en 1862 il achevait les sept volumes qui forment *l'Histoire du Velay*.

Le premier volume est entièrement consacré à l'étude archéologique des antiquités celtiques et gallo-romaines de la province.

Le second est l'histoire de Notre-Dame du Puy. L'auteur rappelle les légendes qui entourent la fondation de la basilique du Mont-Anis et le culte de la Vierge.

Dans le troisième et le quatrième se développent les récits du moyen âge.

Les guerres civiles, politiques et religieuses remplissent la cinquième partie.

Les deux derniers volumes ont pour titre :

Monuments historiques de la Haute-Loire et du Velay; écrivains, poètes et artistes.

On est frappé, en lisant cette œuvre, de la variété des connaissances de celui qui l'a écrite. Il savait admirablement l'histoire, et je n'entends pas seulement par là les dates et les événements, mais le lien logique qui les enchaîne et les explique.

« La légende, a-t-il écrit, c'est la foi qui parle; l'archéologie, c'est la science qui éclaire; l'histoire, c'est le témoin qui dépose. » Par ces mots, il a dressé le plan de son œuvre, il a indiqué toute sa méthode d'historien.

L'amour du sol natal doit être bien puissant dans l'âme pour donner à un écrivain le courage d'entreprendre une tâche aussi longue. M. Mandet avait le talent nécessaire pour mener à bien des œuvres d'intérêt plus général. Villemain, Augustin Thierry, Mérimée, lui reprochèrent plus d'une fois de paralyser son essor en s'appliquant à l'étude d'une petite province. Villemain voulait qu'il continuât son histoire de la langue romane: Augustin Thierry lui proposait de donner une suite à la belle publication de Fauriel, l'*Histoire de la Gaule méridionale sous la domination des conquérants germains*.

Souvent il m'a raconté ses longs entretiens avec le célèbre auteur des *Récits des temps mérovingiens*, devenu aveugle et paralytique, mais dont l'intelligence était restée vive et ardente malgré la souffrance. Il s'exaltait lorsque son jeune ami lui contait avec un accent passionné ses recherches sur la chevalerie et sur les troubadours. « Faites cela, disait-il en lui serrant la main, continuez Fauriel, voilà votre voie! » Et il disait vrai.

S'il est, en effet, une tâche laborieuse et aride, c'est bien celle d'écrire la monographie d'une province ou d'une ville. Une province n'a pas de vie propre; elle subit le contre-coup du pays auquel elle appartient. Le Velay, par sa situation géographique, échappait peut-être à cette règle. M. Mandet a donc pu dramatiser son œuvre, lui donner de l'unité et la dégager de l'histoire générale.

Mais, au prix de quels efforts! A l'époque où il a commencé ses travaux, il y avait bien peu de documents connus sur le Velay. Il a fallu fouiller les collections publiques dépourvues d'inventaires, les archives privées, les chartriers des abbayes, les minutes des notaires. Et, une fois toutes ces pièces réunies, l'auteur a dû les condenser pour en tirer le drame historique avec ses origines et son enchaînement.

Quand l'œuvre est debout, le public ne se demande pas ce qu'il a fallu de labeur pour l'édifier ; mais tout homme qui a cherché, écrit, se rend compte des difficultés vaincues.

Si encore la récompense était mesurée à l'effort!

Certes, M. Mandet, malgré sa modestie, avait conscience d'avoir fait une œuvre, et cela lui suffisait. Il avait eu le suffrage de l'Institut et avait reçu de ceux qui, en France, s'occupent de ces sortes d'études, les éloges les plus flatteurs. Son ouvrage est entre les mains de tous ses compatriotes, et personne ne parcourt le

Velay sans prendre pour guide ce livre attachant et clair qui fait si bien revivre le passé.

M. Mandet a pourtant trouvé quelques détracteurs dans son propre pays, parmi cette race jalouse des savants qui semblent avoir inventé les académies de province pour trouver l'occasion de satisfaire leurs rancunes et de venger leur impuissance.

Digne d'estime est le chercheur modeste qui collige des matériaux et se contente de les publier méthodiquement en laissant à des esprits plus synthétiques que le sien le soin de les condenser, d'en faire jaillir la vérité historique. Cependant il ne faut pas exagérer l'importance de cette œuvre de préparation. Alors que l'ouvrage de M. Mandet se répandait dans la Haute-Loire et les départements voisins, certains savants du Puy organisaient contre lui la conspiration du silence qui devint bientôt la conspiration du dénigrement. Ils évitaient de le citer et réimprimaient, sous prétexte de les compléter, les documents qu'il avait découverts et publiés dans ses ouvrages. Ils lui reprochaient d'avoir grandi ses personnages, dramatisé ses récits et paré de trop d'ornements le squelette de l'histoire. Eux, au contraire, se seraient bien gardé de donner une charte par extrait, de retrancher une ligne au protocole d'un document, moins encore de l'expliquer ou d'en tirer une déduction. L'un relevait soigneusement les noms des clercs de ville depuis le XIIe siècle jusqu'à nos jours, un autre éditait *in extenso* certains mémoires interminables avec indication du prix que coûtait la livre de chandelle en 1651, et le temps qu'on mettait à sonner le gros bourdon de Notre-Dame à la mort d'un chanoine.

Les malheureux ! ils croient faire œuvre d'historiens en ramassant ainsi les balayures de l'histoire !

M. Mandet a chanté les figures des temps héroïques, il a fait revivre les combattants fanatiques des guerres religieuses ; il a donné des couleurs vigoureuses au récit des revendications communales de la ville du Puy ; sous sa plume, les mœurs du moyen âge apparaissent à nos yeux, les monuments en ruines semblent se relever. Cette histoire est vivante, elle a par moment l'intérêt d'un drame. Et c'est le plus bel éloge qu'on en puisse faire.

Qui de nous, en effet, saurait aujourd'hui les annales de la patrie, si Anquetil, Lavallée, Thierry, Henri Martin, Dareste, Duruy s'étaient contentés de publier des documents pour servir à l'histoire de la France!

Il y a quelque temps, j'ai voulu revoir le théâtre de cette histoire et parcourir le pays que j'avais visité en 1863 avec M. Mandet. Son livre à la main, j'ai visité le Puy et ses environs; j'ai pu constater la précision scrupuleuse de ses descriptions. Vraiment, on comprend son amour pour cette admirable ville, la plus curieuse du monde, a dit Lamartine, après Paris et Constantinople. Des hauteurs sereines de la Roche-Arnaud, on la découvre dans toute sa splendeur; c'est de là que M. Mandet se plaisait à la contempler.

Trois monuments, annales de pierre et de bronze, émergent de la plaine; la Vierge colossale, protectrice de la vieille cité qui lutta si ardemment pour ses franchises, — la cathédrale, siège du pouvoir des évêques, — le château de Polignac, incarnation de la tyrannie féodale. L'histoire du Velay est tout entière dans ces trois puissances qui occupent le moyen âge et l'expliquent.

A côté de ces monuments grandioses, il en est un moins important par ses dimensions, mais que M. Mandet considérait non sans raison comme la merveille artistique du Velay. Je l'ai vu souvent, je l'ai admiré dans toutes ses parties et j'en garde une impression ineffaçable. Je veux parler de Saint-Michel d'Aiguilhe.

C'est une puissante poussée de lave de 88 mètres de hauteur, figée en plein jaillissement. Elle a la forme d'un cône à peu près régulier. A la base, le basalte laisse voir sa couleur rouge de bronze en fusion. Plus haut, les mousses, les lichens, les pariétaires, se sont glissés dans les inégalités de la pierre et l'ont revêtue d'une végétation vert pâle. Plus haut encore, le basalte reparait avec ses teintes de feu.

La nature, en faisant sortir de son sein cette montagne de pierre, a jeté un piédestal sans pareil; c'était à l'homme d'y créer le monument.

Les Grecs y eussent placé la Diane de Praxitèle, déesse de la chasse et des forêts; les Romains, un Mercure Vellave, ou la statue colossale du vainqueur des Gaules. Les druides ont dû célébrer leurs sacrifices sur ce roi des menhirs, les chrétiens y ont bâti une église.

Un moine du XIIe siècle, suivant M. Mandet, serait l'auteur de cette chapelle aérienne. Il devait aimer, ce moine, il devait croire, il devait être possédé de cette foi ardente qui soulève les montagnes; l'esprit ne peut concevoir un monument plus en rapport avec le rocher qui le supporte; ils sont pétris de la même lave, chauffés de la même flamme. Il semble que la nature et l'art humain se soient unis dans une collaboration mystérieuse pour enfanter cet hommage de pierre, cette prière sculptée.

L'ascension du Saint-Michel est douce et

facile. Un large escalier est creusé dans le roc. Sur ses marches usées ont dû passer bien des douleurs et bien des espérances; des lamentations et des cantiques d'actions de grâces ont retenti. Peut-être y rencontre-t-on aujourd'hui plus de curieux que de pèlerins. Je ne sais, mais en face de cette merveille de l'art roman, édifié dans un siècle réputé barbare sur cette aiguille inaccessible, l'homme le plus vulgaire pense aux obstacles vaincus, salue le triomphe de la volonté humaine et contemple avec émotion ce poème de foi, de confiance et d'amour.

Et chaque fois que je songe à la ville du Puy, je vois l'aérienne église de Saint-Michel qui semble s'être abattue du ciel sur le sommet de sa pyramide de basalte « comme l'aigle voyageur sur la flèche aiguë d'un peuplier ».

IV

Le musée de Riom porte aujourd'hui le nom de *Musée Mandet*[1]. Jamais plus légitime hommage ne fut rendu à la mémoire d'un homme. En effet, si créer est faire quelque chose avec rien, M. Mandet est bien le créateur de cet établissement que la ville de Riom peut montrer avec orgueil.

L'origine du musée remonte à l'année 1860. M. Mandet en posa les premières bases avec M. Tallon, alors maire. Tous deux avaient la foi et la volonté.

Pour faire vivre le nouveau-né, il lui fallait des parrains. M. Mandet le comprit et fonda la Société littéraire du musée.

1. Voir appendice, note 3.

Elle prit au début des allures inquiétantes; vingt-huit membres la composaient, à chaque séance il en venait dix et l'on se lisait les uns aux autres des choses extrêmement savantes; on parlait même de les faire imprimer. Enfin, on tournait à l'académie départementale, c'était la mort, non sans phrases.

Justement effrayé, M. Mandet ouvrit les portes toutes grandes et, grâce à ses efforts, deux cents membres s'inscrivaient en peu de temps sur nos listes : auditoire intelligent, sans prétention jalouse, sans esprit de coterie. Dès lors, plus de communications pédantesques, plus d'exhumation de pièces en latin barbare ou en français douteux, mais des conférences de vulgarisation sur tous les sujets au gré de l'orateur.

Dans un rapport du 21 décembre 1863, M. Mandet précise le caractère de la nouvelle société : « Elle n'a, dit-il, aucune prétention « académique. Elle représente une association « de gens de bonne volonté faits pour se « comprendre, désireux de s'entretenir familiè« rement des choses qui intéressent l'histoire.

« l'agriculture, l'industrie de notre pays. Les « uns étudient le passé, les autres le présent, « tous se préoccupent de l'avenir. »

Pendant ce temps, l'œuvre artistique grandissait : au début nous avions deux ou trois tableaux et les statues en plâtre empruntées au collège où, pendant plusieurs générations, elles ont servi à faire croire qu'on y apprenait le dessin.

Mais il faut à tout prix un local. Le conseil municipal offre généreusement deux salles obscures dans la vieille caserne. M. Mandet s'indigne et loue l'hôtel Dujouhamel,

Désormais le musée existe. Grâce à M. Rouher il reçoit quelques dons de l'Etat. Mais sa situation est précaire ; un musée ne peut pas loger en garni.

Par bonheur, la générosité d'un de nos collègues vient à notre aide, M. Francisque Jusseraud nous donne vingt mille francs. Précisément, un hôtel magnifique est là, dans le plus beau quartier de la ville. Vaste, bien aménagé, placé entre cour et jardin, il rappelle ces riches installations du faubourg Saint-Germain au fronton desquelles les La Rochefoucauld, les de Castries et les d'Avaray gravent aujourd'hui encore leurs noms et leurs armoiries; et il est à vendre! Beaucoup de compétiteurs s'écartent devant nous; nous l'acquérons pour un prix qui représente un peu moins de la valeur des matériaux de démolition.

Vingt-six ans se sont écoulés. Aujourd'hui l'hôtel, entièrement réparé, est devenu un palais des arts. Les bronzes alternent avec les marbres; les antiquités du musée Campana figurent dans les vitrines à côté de celles trouvées dans la province. Nous avons des gravures, des monnaies, des herbiers, des collections d'ornithologie et de minéralogie, une immense bibliothèque. Enfin, trois cents tableaux garnissent les murailles et, nous pouvons le dire bien haut, on n'y trouverait pas une œuvre mauvaise ou même médiocre.

Toutes ces toiles ont été choisies par M. Mandet après de minutieuses études. Connaisseur émérite, il se trompait rarement sur le prix d'un tableau, mais que de soins, de travail avant d'accepter une attribution!

M. Mandet n'était ni peintre ni sculpteur, ce qui lui permettait de diriger le musée sans partialité, sans parti pris d'école. Néanmoins il recherchait plus spécialement les productions des peintres hollandais. En cela il devança et pressentit le goût du public dans ces dernières années, aussi eut-il la bonne fortune d'acheter presque pour rien des toiles vraiment belles de Karl Vanloo, de Crasbaech, de Van Goyen, de Breughel, etc.

Voilà le musée en 1886. Pour mener à bien une pareille œuvre, il fallait l'ascendant du caractère et la supériorité des connaissances. M. Mandet a le mérite de l'avoir faite à lui tout seul; certes, il avait autour de lui des collègues prêts à se dévouer; mais, moi qui ai été son principal collaborateur, je puis dire combien il avait peu besoin de collaboration. Tout d'abord personne ne croyait au succès, mais lui n'eut pas un instant de doute; quand je me rappelle nos modestes débuts, je m'étonne du résultat obtenu si rapidement ; il me semble alors que M. Mandet, dans sa foi ardente, a commencé par élever un monument idéal auquel, à force de science et de volonté, il a donné peu à peu la réalité et la vie !

A lui aussi revient la conception de la galerie des illustrations de l'Auvergne. Il en a poursuivi la réalisation avec sa persévérance passionnée, déployant en faveur de son œuvre toutes les séductions de sa personne, usant de toutes ses relations d'amitié. Beaucoup de ces portraits ont été donnés ; d'autres ont été commandés par M. Mandet à des peintres dont il avait apprécié le talent.

En 1862, je me trouvais à Paris avec lui et on nous signala un jeune artiste que nous allâmes visiter dans un modeste atelier de la rue La Bruyère. Notre directeur lui demanda d'abord quatre copies, celle d'Arnaud d'Andilly d'après Philippe de Champaigne ; celles de la mère Angélique Arnaud, de Cinq-Mars et du peintre Guérin. Le Musée peut les montrer avec orgueil. Elles sont l'œuvre de Jean-Paul Laurens, devenu un des maîtres de l'école contemporaine, dont les vigoureuses fresques figurent au Panthéon à côté de celles de Puvis de Chavannes et de Cabanel.

Les grands artistes et les critiques d'art qui ont visité le Musée en ont tous parlé avec éloge. La *Gazette des Beaux-Arts*, l'*Illustration*, l'*Artiste* ont publié à diverses reprises des comptes rendus flatteurs de nos travaux et de nos progrès.

M. Mandet était heureux de ces hommages rendus à son œuvre de prédilection. Il fut particulièrement sensible à la visite de M. de Barante, qui vint lui-même porter au directeur du Musée ses œuvres et son portrait, une des belles toiles de Court. C'était un aimable vieillard, d'allure un peu timide, mais d'une grâce bienveillante qui mettait de suite à l'aise. « Je viens, dit-il, vous offrir mes œuvres pour « votre bibliothèque. Je vous apporte aussi « mon portrait parce que vous me l'avez de- « mandé, mais donnez-lui la place la plus

« modeste. » Puis, s'approchant de M. Mandet : « J'ai lu depuis longtemps vos œuvres, « lui dit-il, et l'historien des ducs de Bour-« gogne est heureux de trouver à la tête de « cette société l'historien du Velay. »

De tous les personnages officiels, le plus bienveillant fut Champfleury qui, dans son rapport à l'administration des beaux-arts, signale le Musée de Riom comme un des plus intéressants et comme le mieux installé du centre de la France.

M. Émile de Montégut a exprimé dans la *Revue des Deux Mondes* une opinion bien différente. Un soir, il arrive au Musée, il faisait presque nuit et l'heure du train était proche. Il entre dans la salle des portraits, la parcourt rapidement et jette un instant les yeux sur une *Sainte-Famille* de Villaertz, que le concierge était en train de déballer. Tout à coup il regarde sa montre et, sans même entrer dans les autres pièces, il prend en courant le chemin de la gare.

Un mois après, dans le numéro du 1er décembre 1875 de la *Revue des Deux Mondes*, on lisait un long article de M. Émile de Montégut sur Mozat et sur Riom. J'y relève la phrase suivante : « En dehors de quelques portraits la seule œuvre qui m'ait *arrêté* au « petit Musée de Riom est une *Sainte-Famille* « de provenance hollandaise traitée dans le « goût habituel des peintres des Pays-Bas. » Il est impossible d'être moins dans la vérité tout en restant dans l'exactitude.

Rien n'était intéressant comme d'entendre M. Mandet expliquer son musée. Il consentait quelquefois à servir de guide aux amateurs d'élite et, pour peu qu'il trouvât un esprit sympathique au sien, il se répandait en anecdotes, en rapprochements inattendus, en appréciations chaleureuses, car c'est le propre de ceux qui aiment les arts de ne pas en parler froidement. Plus d'un objet précieux fut offert au musée à la suite de ces gracieuses réceptions. J'en pourrais citer un grand nombre, entre autres le remarquable bouquet de fleurs envoyé à titre de remerciements par Mme Charles

Hayem dont Falguière a immortalisé dans le marbre les traits charmants. Le *Printemps*, d'Hippolyte Dubois, fut offert à M. Mandet, comme souvenir par une aimable visiteuse que les hasards d'un voyage avaient conduite au musée de Riom. M. Mandet remercia notre donatrice et inséra dans son rapport une appréciation de l'œuvre que je suis heureux de reproduire ici : « La place du beau « tableau de M. Hippolyte Dubois était mar- « quée au musée du Luxembourg, il a plu à « la baguette d'une aimable fée de le trans- « porter dans le nôtre. Vous ne me croiriez « pas, messieurs, alors que, sans être indiscret, « je pourrais vous raconter comment s'est « opéré ce prodige. La vérité a parfois ses in- « vraisemblances. Qu'il me suffise de vous le « dire ; cette toile, une des meilleures du Salon « de 1875, est bien à nous... L'artiste prend « le couple heureux dans la fleur de l'âge et de « la beauté, à cette heure où Dieu répand sur « sa créature privilégiée tous les trésors de la « vie. L'air est transparent, le ciel est bleu,

« les arbustes dressent leurs tiges embaumées, « et le cristal des eaux réfléchit dans l'éloigne« ment le doux éclat du jour. Ils passent sous « des arceaux fleuris sans rien voir des magni« ficences dont ils sont environnés : la nature « est en fête, mais pour eux toute la fête est « dans leur cœur. Ils marchent lentement, « leurs beaux pieds nus posés sur le tapis de « mousse. Le fiancé porte avec tendresse à ses « lèvres une des mains de la jeune fille et de « son bras lui fait une ceinture. Cette chaste « caresse, cette étreinte sans offense à la pu« deur, c'est la foi jurée, c'est le premier an« neau de la chaine qui doit les unir. De son « côté, rien ne la trouble, elle n'a pas à cacher « son bonheur. Sa démarche est noble et « simple, elle s'avance les yeux baissés, ap« puyant sur son sein une gerbe de fleurs « nouvelles. »

L'histoire du Musée est tout entière dans les comptes rendus de M. Mandet. Ses descriptions de tableaux, on vient de le voir, sont des modèles du genre. Sous sa plume savante en couleurs, curieuse en nuances, la toile s'anime, les contours se dessinent et se fixent, la couleur apparaît avec ses délicatesses et ses violences, et la pensée de l'auteur se dégage dans une auréole de lumière et de poésie[1].

Paul de Saint-Victor, qui avait fait au directeur du Musée de Riom un charmant accueil, montra un jour à Arsène Houssaye notre petite publication annuelle en lui demandant d'en donner une analyse dans l'*Artiste*. L'élégant écrivain lut la partie artistique d'un bout à l'autre et répondit : « On n'analyse pas cela, on le publie. » Et, en effet, il reproduisit plusieurs comptes rendus du Musée de Riom.

Comme pendant aux études d'art, je voudrais avoir la collection des discours que le Président de la Société littéraire y prononçait à chaque séance. Était-ce bien des discours et quel nom donner à ces improvisations par lesquelles il résumait la lecture ou la conférence entendues ? Autant de phrases, autant de

1. Voir appendice, note 4.

traits brillants et imprévus. Pour finir, un remerciement aimable, un compliment délicat. L'orateur s'inclinait confus, mais charmé. C'était le mot de la fin et quelques-uns venaient uniquement pour l'entendre.

Le buste de M. Mandet est aujourd'hui à l'entrée de ce Musée dont il était l'âme, comme pour défendre son œuvre[1]. Elle vivra, car ses successeurs la maintiendront dans la voie qu'il a tracée. Qu'il s'agît d'art, de lettres, de sciences, il n'eut jamais d'autre préoccupation que celle du beau et du bien. Jamais il ne laissa écrire une ligne ni dire une parole qui pût blesser une conviction ou froisser un sentiment.

1. Voir appendice, note 5.

V

M. Mandet, indépendamment de l'*Histoire du Velay*, laisse de nombreux ouvrages.

L'un des premiers en date est son *Histoire de la langue romane*, publiée en 1840 et couronnée par l'Institut. C'est une œuvre de recherches ; elle a été commentée, citée et souvent reproduite dans ses parties essentielles par les écrivains qui se sont occupés des origines de notre langue et des dialectes de la France méridionale pendant le moyen âge. L'auteur fait une large part à la science ; mais comme il sait l'obscurité et l'aridité de la linguistique, il l'éclaire par l'histoire, il la rend attrayante par des récits épisodiques.

Après avoir recherché les origines de notre langue depuis la conquête romaine jusqu'à

Charlemagne, il en montre le développement et les progrès sous Charlemagne et ses successeurs. Puis il met en relief l'influence des Croisades sur la langue et la poésie méridionales.

La démonstration serait incomplète s'il ne l'appuyait sur les productions mêmes des écrivains de cette époque lointaine. Ce sont les troubadours, poètes d'amour et de chevalerie, parfois censeurs rigoureux des vices de leur temps, audacieux dans leurs critiques sanglantes comme Juvénal ou Victor Hugo.

Nulle étude, on le sent, ne plaît davantage à l'historien du Velay. Il se trouve sur une terre encore peu connue, il y a fait des découvertes heureuses. Aussi, dans sa préface, écrit-il ces lignes : « Plusieurs poètes, nos compatriotes, « ont écrit, il y a des siècles, de grandes et « belles pages, en une langue éteinte aussitôt « qu'eux. Leurs manuscrits, perdus longtemps « dans la poussière, se sont un jour trouvés « entre mes mains. Fier de ce trésor, j'allais « presque dire de cette découverte, j'ai cru « accomplir une chose utile à mon pays, en me

« hâtant de lui faire connaître, d'abord cette « langue qui fut autrefois la sienne, ensuite « ces poésies qui resteront dans ces archives « comme un des plus précieux monuments de « sa gloire. »

Il met en relief parmi les troubadours ceux qui lui paraissent représenter le mieux le système poétique du moyen âge. « Pierre Cardi- « nal, le Juvénal le plus sévère et le plus « spirituel de son temps, personnifie aussi « complètement la satire de mœurs que Cap- « deuil le sirvente religieux ; Rudel, l'amour « chevaleresque ; Bertram de Born, l'ardeur « farouche du guerrier ; Guillaume, le cy- « nisme de la féodalité brutale. »

Un curieux chapitre est consacré à l'influence de la femme dans la Gaule et aux cours d'amour.

L'histoire de la langue romane était dans la pensée de son auteur une simple préface à la publication des œuvres des troubadours. Il en avait réuni les principaux éléments, mais il ne pouvait les compléter à Riom ; il lui aurait fallu de longues recherches à la Bibliothèque nationale et surtout à Rome.

Force lui fut donc de renoncer à ce travail, que Mérimée, Auguste Bernard et Amédée Thierry le poussaient à poursuivre. Ces trois historiens lui avaient remis des notes précieuses, et Mérimée lui avait fait don de reproductions calligraphiées avec beaucoup de soin sur les manuscrits de la Bibliothèque nationale. L'écriture du temps, les lettres ornées, les dessins étaient fidèlement rendus. Une circonstance donnait beaucoup de prix à ces copies; elles sont dues à la plume du savant Littré qui, jeune, inconnu et pauvre, les exécutait, ainsi que l'indique Mérimée, à *quarante sous la page*.

Il m'est impossible d'analyser ici tous les ouvrages de M. Mandet. Il a publié, on le sait, un grand nombre de biographies. Je tiens à citer celle de Mathieu de Morgues, qui lui donna occasion d'étudier les pamphlétaires sous Louis XIII et celle du cardinal Melchior de Polignac, le célèbre auteur de *l'Anti-Lu-*

crèce. Il a également écrit dans ses nombreux rapports à la Société du Musée de Riom, une Notice sur Pierre Flotte, pleine de renseignements inédits, et une Vie de Delille qui est un chef-d'œuvre d'analyse et de délicatesse.

Une autre partie de ses travaux a été spécialement consacrée à l'art et aux artistes.

Le Velay a eu l'heureuse destinée de posséder une école de peinture qui a rayonné dans tout le centre de la France; à chaque pas nous retrouvons ses productions dans nos églises. Longtemps elle a été oubliée. Le nom de son chef était presque inconnu. M. Mandet a exhumé et fait connaître l'école de peinture du Puy.

Aujourd'hui il n'est qu'une école, celle de Paris, foyer artistique du monde entier. Jadis, au contraire, on rencontrait des écoles provinciales. Au XVIIe siècle, il n'était pas rare qu'un peintre, après avoir étudié dans sa ville natale, allât passer quelques années à Rome, à Venise, à Florence et revînt ensuite ouvrir un atelier et former des élèves. Chaque province avait une vie propre; les populations restaient forcément sédentaires; ces écoles avaient donc des chances de succès qu'elles ne retrouveraient pas aujourd'hui. Elles produisaient beaucoup et à bon marché, car le peintre était un ouvrier qui se contentait d'un modeste salaire. Cela explique pourquoi les églises regorgeaient de tableaux originaux à cette époque heureuse où l'on ne connaissait ni la peinture au poncif ni la chromolithographie.

L'École de Velay a eu pour fondateur et pour maître un artiste nommé François, né au Puy à la fin du XVIe siècle. Il avait étudié à Paris, dans l'atelier de Vouet, puis à Rome où il passa dix ans. Il s'était épris d'une grande admiration pour le Guide. A l'exemple de beaucoup d'autres artistes, il prit le nom de son maître et signa *Guido Francescus*, ce qui, plus tard, devait amener de singulières erreurs. Il eut pour principaux élèves son frère et son fils. Sans doute François signait la plupart des œuvres sorties de son atelier, car, à quarante lieues à la ronde, monastères et chapelles possèdent de ses tableaux. La composition en est belle, mais les sujets sont presque toujours les mêmes : l'*Adoration des bergers*, la *Vierge et l'Enfant Jésus*, le *Christ en croix*.

Pendant nos voyages d'exploration artistique, M. Mandet a découvert dans le Puy-de-Dôme, dans la Creuse, dans l'Allier, une foule de tableaux de François; il y en a dans les plus petites communes. La scène qui se passait, pour arriver à notre examen, était toujours la même. Le maire ou le curé ne manquaient pas de nous annoncer un magnifique tableau du grand peintre le Guide *et signé*, disaient-ils. En effet, en se hissant sur une échelle, on parvenait à lire le mot *Guido* un peu effacé. « Il y a bien quelques lettres après, nous disait-on, mais il est impossible de les déchiffrer. » Nous y arrivions aisément et parvenions à restituer l'inscription tout entière : *Guido Francescus*, ou bien encore : *Guido Francescus aniciensis*.

Nous avons enlevé aux possesseurs de ces toiles une illusion en leur prouvant qu'elles n'étaient pas de Guido Reni. Ils n'en ont pas moins de fort belles productions dont plus d'un musée de premier ordre serait jaloux.

Dans le même volume, M. Mandet fait revivre la figure de tous les artistes qui ont illustré le Velay. Il a consacré une belle étude à Julien, une des gloires de la statuaire française, et il a fait la biographie très complète du fondeur ornemaniste Crozatier dont il fut l'ami et l'inspirateur.

Toutes ces compositions littéraires et historiques ont imposé à leur auteur un labeur opiniâtre. Lui, le causeur facile et disert, l'improvisateur inépuisable, l'homme d'esprit fertile en reparties promptes, en saillies originales, il ne laissait jamais, si ce n'est dans les lettres familières, sa plume courir au gré de son imagination. Il n'aurait pas commencé à écrire sans avoir médité longuement, sans avoir dressé sur le papier un plan méthodique dont il ne se départait plus. Alors il donnait le champ libre à ses idées, son esprit s'enflammait et il noircissait des feuilles de papier avec une vitesse inouïe. Les heures passaient dans cette vibration de l'être sans qu'il s'en aperçût. Il ne s'arrêtait que quand il avait traduit tout ce qu'il sentait fermenter dans son âme. Puis il attendait au lendemain.

Le lendemain, la folle du logis s'effaçait devant la raison sévère, l'inspiration chaleureuse faisait place à la froide critique. Souvent alors il surchargeait et il raturait. Il déchirait des feuillets, quelquefois tout son travail, car il était rigoureux à lui-même. Mieux que personne il les connaissait, ces illusions dorées de la composition littéraire. La pensée et les mots qui la rendent semblent voler avec les mêmes ailes; l'auteur les suit, il s'exalte et s'élève avec elles, plus haut, toujours plus haut, jusqu'au moment du réveil, où il trouve sur le papier des phrases sans chaleur et sans vie, et où il constate que la pensée est restée boiteuse au début du chemin.

M. Mandet ne se décourageait pas, il était sûr de la revanche. Il aimait, dans ses déceptions, se consoler avec les beaux vers de Musset qu'il m'a cités cent fois :

> Mais croire que l'on tient les pommes d'Hespérides
> Et presser tendrement un navet sur son cœur,
> Voilà, mon cher ami, ce qui pousse un auteur
> A des autodafés, à des infanticides.

Il faut vraiment une organisation spéciale pour arriver à écrire des œuvres d'imagination, des études d'esthétique, dans le milieu que fait la province. Elle peut, jusqu'à un certain point, faciliter la méditation, je n'y contredis pas. Elle a produit des penseurs, des littérateurs, des jurisconsultes; mais, dans les œuvres qui relèvent spécialement de l'observation et du goût, Paris est le grand générateur. Là, tout est drame et tout est comédie; par suite, tout est enseignement. L'œil s'ouvre et se forme sans effort aux modèles partout répandus de la grandeur, de la grâce, de l'harmonie, de la beauté. La pensée, pour peu qu'elle ait des aspirations un peu hautes, trouve à chaque pas des guides distingués et sûrs. Le Collège de France et la Sorbonne, les cours publics aujourd'hui innombrables, les musées, les expositions et les cercles sont autant de lieux où l'intelligence se forme et se développe. Tout est en germe dans cette ville de la pensée et du travail, où l'étude de mœurs se fait sans même qu'on y songe, où l'esprit court les rues et s'arrête dans les salons. Le scepticisme y coudoie l'enthousiasme, l'engouement succède au dédain, l'éloge hyperbolique à la critique acerbe; mais on sent au milieu de tout cela une intensité de vie, une acuité de lutte qui centuplent les forces.

J'ai toujours admiré, chez M. Mandet, cette activité d'esprit, cette puissance d'imagination, qui lui permettaient de se féconder lui-même au milieu du silence qui glace, de l'indifférence qui tue. Loin de se confiner dans le regret du passé, il suivait avec passion le mouvement littéraire et artistique de l'époque. Il aimait surtout à se tenir en rapport avec les peintres et les sculpteurs, à cause de son musée. Tous les artistes qui ont étudié l'Auvergne venaient le voir et s'entretenir avec lui.

En 1884, il passa quinze jours à Paris et j'eus le plaisir de le conduire à une grande réunion artistique. Il y fut de suite entouré, félicité et, par acclamation, on le mit à la place d'honneur, entre M. Bartholdi et M. Vuillefroy. Il passa cette quinzaine à visiter les expositions et les ateliers. La bienveillance naturelle de son esprit le portait plus à l'approbation qu'à la critique. Cependant il ne pouvait comprendre cette impuissance de l'art que les uns appellent *impressionisme*, et que certains décorent du nom étrange de *plein air*. Il demandait à tous les peintres la définition du plein air. Un jour que je l'avais conduit chez Henner, il lui posa la même question. « On donne le nom de *plein air*, lui dit le grand artiste, aux productions qui n'ont ni ombre, ni lumière, ni charme, ni vie. »

Aucun des tableaux du musée de Riom n'appartient à cette école.

VI

En dehors du palais de justice et du musée, M. Mandet était tout à sa famille et à ses amis. Entouré de soins par la compagne dévouée de son existence, vénéré de ses trois enfants, il aimait son intérieur et le quittait toujours avec regret.

Jamais je n'oublierai les heures que j'ai passées dans ce cabinet de travail bien digne d'un lettré et d'un artiste; je le vois avec ses bronzes choisis, ses tableaux de maitres, sa vaste bibliothèque et le grand bureau dont les cartons contenaient les archives d'une vie de travail.

Dans un des tiroirs, toujours soigneusement fermé, étaient des *nouvelles*, des essais de critique littéraire, des poèmes de lord Byron adaptés plutôt que traduits en vers français, enfin des pièces de théâtre.

Le goût de M. Mandet pour tout ce qui touche à l'art dramatique était poussé jusqu'à la passion. Il avait, sur le chantier, vingt drames et tout autant de comédies. Je lui ai vu entreprendre et terminer en une semaine un très amusant vaudeville en deux actes. *Les Terreurs de Gorgibus, la Branche de houx, le Vase brisé, Olibrius* sont présents à ma mémoire comme si je les avais lus hier. L'audition de ces œuvres légères était un plaisir réservé à quelques amis. Jamais il n'eût consenti à les publier : cela ne convenait, disait-il, ni à un magistrat, ni à un vieillard. Il alla plus loin et, dans un jour de revision sévère, il jeta au feu plusieurs de ces manuscrits. Un seul trouva grâce devant lui, la *Marquise de Verneuil*, drame historique à peu près achevé et dont il consentit à lire les deux premiers actes à la société du musée un soir où, par suite de la maladie de l'orateur, la séance allait manquer.

En face du bureau était la bibliothèque soigneusement composée par lui. Il lisait beaucoup, mais avec lenteur, prenant des notes, réfléchissant, greffant des recherches sur sa lecture qui, le plus souvent, devenait le sujet de l'entretien du soir.

Ses historiens de prédilection étaient Augustin et Amédée Thierry, Henri Martin, Sismondi, Fauriel et surtout Michelet dont les aperçus philosophiques jetaient sur ses propres pensées des rayons de lumière. Thiers l'attirait par sa précision et sa clarté, mais il admirait moins l'historien de la Révolution française que l'homme politique dont il ne cessa jamais de louer le libéralisme intelligent et le sens pratique.

En poésie, Alfred de Musset avait ses préférences; il aimait en lui le penseur, parfois décevant, mais chez lequel on sent battre le cœur de l'homme avec ses enthousiasmes et ses découragements, ses croyances juvéniles et ses doutes amers. Cependant, il avait plus profondément encore fouillé l'œuvre de Shakespeare, qu'il considérait avec raison comme le génie le plus étonnant de l'humanité. Il l'avait lu cent fois, annoté, traduit; ses cahiers de notes étaient remplis de pensées empruntées au grand poète anglais.

Dans les dernières années de sa vie, il se mit à étudier les classiques latins et j'entrais rarement dans son cabinet sans le trouver parcourant cette vaste encyclopédie des connaissances humaines qu'on appelle l'œuvre de Cicéron. Nous nous entretenions alors du *Traité des devoirs, de l'amitié, de la vieillesse*. Il recherchait ces causeries sérieuses où le problème de la vie future revient comme un inéluctable point d'interrogation ; plus d'une fois, il me rappela à ce sujet le mot de Lucrèce : « Philo« sopher, c'est se préparer à la mort. »

Les livres, ces amis muets, mais immortels, sont là; je les ai revus chez son fils, mais il a passé dans ce cabinet d'autres amis pleins de vie et d'ardeur. On y venait chaque soir comme à un centre d'attraction. J'y ai entendu des discussions passionnées, des causeries spirituelles, des thèses de droit, des paradoxes, des vers, des dissertations métaphysiques. On y parlait de tout; mais dès qu'on arrivait à la politique, le maître du logis détournait habilement la conversation, non par crainte d'un débat irritant, mais par l'ennui profond que lui inspirait ce genre d'entretien où dominent forcément les redites et les phrases de convention.

Il était animé et brillant, ce petit cercle d'intimes; mais combien en est-il aujourd'hui que la mort a touchés de son aile! Combien d'autres s'en sont allés bien loin où la destinée les appelait! En écrivant ceci, tous ces souvenirs me reviennent.

C'est le président du Molin, magistrat à l'esprit bouillant et vigoureux, qui mourut sur un siège de la Cour de cassation. Il se vantait naïvement de couler ses arrêts dans le bronze; on peut manquer de modestie, pour rendre hommage à la vérité; — puis, le président Enjubault, nature douce et tendre, éprise d'idéal, rayonnante de simplicité; — M. Blanche, l'auteur de belles études sur le droit pénal ; — M. Assézat de Bouteyre, un charmant conteur, un galant homme dans la plus haute acception du mot ; — M. Arthur Tailhand, tout vibrant de ses succès au Théâtre-Français et à l'Odéon ; — M. Salneuve, qui, avant de jouer dans le Puy-de-Dôme un rôle politique prépondérant, étudiait avec son impétueuse activité la bulle *Unigenitus*, les polémiques d'Antoine Arnauld et les controverses de Jean Soanen ; — M. Maurice Leyragne, qui préparait, avec sa haute compétence, une *Histoire des jurisconsultes auvergnats* ; — M. Rouffy, une encyclopédie vivante, intelligence robuste, toujours prête à l'argumentation ; — le docteur Girard, la note fine et railleuse au milieu de tous ces enthousiastes.

Plus tard arrive le sénateur, premier président Bonjean, qui, malgré ses travaux judiciaires et politiques, se prend à étudier le jansénisme en Auvergne et se passionne pour notre province où chaque recherche lui fait découvrir un souvenir de Port-Royal. Une des premières situations de la magistrature française l'enleva à notre affection et, peu de temps après, victime des fureurs aveugles de la Commune de Paris, il mourait avec le stoïcisme d'un philosophe et la résignation d'un chrétien. — Encore un mort bien regretté, le procureur général Massin, le vertueux Massin, comme nous l'appelions.

Et si je faisais une énumération, combien en aurais-je à citer encore qui ont connu M. Mandet, qui l'ont aimé, qui ont été aimés de lui ! MM. de Parades et Édouard Chassaing, ses anciens et affectueux collaborateurs dans l'œuvre du Musée ; — MM. du Clozel et Bernet-Rollande, amitiés de collège restées vivaces sous la neige des ans ; — M. Alexis Collin, dont il enviait la foi ardente et exempte de doute ; — M. Alphonse du Corail, l'homme d'Auvergne qui sait le mieux les généalogies locales ; — M. le premier président Allary à qui il confia lui-même la mission de continuer son œuvre du Musée ; — M. Henri Bertrand, l'ami des derniers jours qui eut des attentions charmantes, des soins délicats dont M. Mandet ne fut pas seul à être ému.

Vers la fin de sa vie, il dut renoncer aux longues réunions trop fatigantes pour son état; mais il trouva dans son intérieur d'intimes satisfactions. L'humeur gaie et spirituelle de son fils Alfred lui rassérénait l'âme : il se livrait à de longs entretiens avec sa fille chérie chez laquelle il retrouvait la vigueur de sa propre intelligence : sous cette douce influence et aussi par un effort de sa volonté, sa philosophie se rapprochait davantage de la foi chrétienne.

L'image de mon vieil ami reste intimement liée dans ma pensée au souvenir de ce cabinet de travail où je l'ai vu vivre et mourir. Pourquoi tant d'hommes d'élite s'y sont-ils donné rendez-vous ! Sans doute ils trouvaient en lui les qualités brillantes de l'esprit, mais ils y trouvaient surtout les effusions d'une âme généreuse, ouverte, qui pratiquait sans effort la bienveillance, la première des vertus sociales et la moins répandue peut-être. L'intelligence séduit, la sensibilité passionne, l'esprit amuse : mais je ne sais qu'une qualité qui attache : c'est la bonté, et M. Mandet était bon.

VII

Une loi implacable arrêta à soixante-dix ans la carrière judiciaire de M. Mandet; il n'en éprouva pas le moindre ennui. Pour les autres fonctions qu'il remplissait, il se réserva de sonner lui-même l'heure de sa retraite. Il quitta successivement le conseil municipal où il avait siégé pendant vingt-deux ans, la Société lyrique dont il avait été le président, le bureau de bienfaisance... Ce n'était pas par le scrupule de mal remplir ses fonctions, mais par une sorte de coquetterie : mieux vaut, disait-il, quitter les honneurs que d'attendre qu'ils nous quittent.

Il n'avait cependant rien à redouter. Jamais son intelligence n'avait été plus nette, son caractère plus sympathique, son esprit plus vif, et il le savait bien. Ses forces physiques baissaient; il en prenait son parti; mais il eût cruellement souffert de constater la moindre déchéance intellectuelle. La mémoire est la faculté la plus prompte à s'altérer; il fit sur lui-même une expérience. Un soir, à la veillée, il se donna la tâche d'apprendre la belle tirade de Louis XI dans la tragédie de Casimir Delavigne.

Ne vous y fiez pas, comte! par la croix sainte!

Le lendemain, il récitait les quatre-vingt-dix vers sans faire une faute.

Non, sa mémoire n'avait pas vieilli et son cœur était resté jeune, tendre comme à vingt ans. Les natures d'élite conservent seules jusqu'au terme fatal leur puissance d'aimer.

Il voyait venir la vieillesse sans effroi. Elle est à charge à ceux qui ne trouvent en eux-mêmes aucune ressource pour être heureux; mais il n'était pas de ceux-là. Les infirmités de l'âge commençaient à l'atteindre, il les supportait avec la sérénité d'un philosophe, et c'est être bien avancé dans la science de la vie que de savoir souffrir.

Une lettre qu'il envoyait à sa fille, le 29 août 1884, indique bien l'état de son esprit et de son cœur :

« C'est à la date de ce jour, 29 du mois « d'août 1811, que, sur les cinq heures du ma- « tin, je vins au monde au Puy-en-Velay. « Donc, chère fille bien-aimée, quand tu liras « cette lettre, j'aurai soixante-quinze ans son- « nés à la grande horloge. Hélas! je n'en suis « pas plus fier pour cela... heureux encore de « voir le Temps impitoyable mesurer ses coups « aux forces qu'il me laisse, n'attristant pas « ceux qui m'entourent du spectacle d'une dé- « molition trop violente. Il ferme peu à peu « mes oreilles pour m'isoler davantage en moi- « même et me permettra la méditation si né- « cessaire à mon âge. — Il me rend la marche « plus pénible et semble ainsi me préparer au « long repos qui m'attend. Seulement, ce que « j'ai peine à comprendre, c'est de sentir le cœur « ne participer en rien aux funèbres apprêts du

« voyage; car il a pour tous les miens, pour « toi, mon excellente fille, la même chaleur, la « même jeunesse, le même besoin d'aimer.

« Je conclus de cette épreuve, chaque jour « renouvelée, que si le cœur seul ne vieillit pas « en nous, s'il rajeunit, au contraire, c'est « qu'il ne doit pas s'éteindre comme le reste. « — Telle est l'espérance qui sourit à mes ré- « veils et qui réjouira mon dernier jour... »

De toutes les institutions auxquelles il avait appartenu, la dernière qu'il abandonna fut la Société du Musée dont il était bien aise de voir les destinées se fixer sous une autre direction que la sienne.

Ainsi avait-il pris sur toutes choses ses dispositions. Les événements, d'ailleurs, étaient venus d'eux-mêmes fermer doucement les horizons inquiétants de sa vie et lui verser des consolations intimes. Son fils Alfred s'était marié. Il le gardait près de lui, et il était heureux de voir au foyer de famille une jeune femme au cœur droit, à l'intelligence sérieuse qui l'appelait du nom de père. Enfin, il venait d'embrasser avec bonheur son fils aîné venu d'Algérie après une longue absence.

Désormais, il pensait à l'autre vie. Homme d'étude et de méditation, il n'avait pas attendu les dernières années pour sonder le grand problème des destinées de l'âme. Peu à peu, les recherches philosophiques lui parurent décevantes et il fut pris d'un désir infini de croire. Né chrétien, il considérait comme un devoir de mourir en chrétien. Il voulait croire à l'unisson de ceux qui l'entouraient. Il voulait mourir comme sa mère, comme son père. Il voulait, disait-il, s'endormir comme eux dans les bras de l'Espérance, pour retrouver dans la vie éternelle les affections terrestres désormais purifiées et impérissables.

Certes, il eut ses heures d'hésitation et de doute. L'immortel auteur de l'*Imitation de Jésus-Christ* a dit ce mot résigné et profond : « J'aime mieux sentir la componction que de « savoir comme on la définit. » M. Mandet comprit sans doute que l'analyse philosophique ne conduit pas à croire et qu'on ne sent pas davantage la componction en la définissant mieux. Puis il avait sans doute lu le mot de Pascal : « Voilà ce que c'est que la foi. Dieu sensible au cœur, non à la raison. »

De cette lutte il sortit chrétien. La foi, après avoir été l'aspiration suprême de son intelligence, devint une conquête de sa volonté.

Jamais croyance religieuse ne fut plus douce, plus simple, plus tolérante. Elle adoucit en lui bien des amertumes ; elle l'aida puissamment à supporter la douleur.

Depuis longtemps, je l'ai dit, ses forces diminuaient. Le 30 mai 1885, je reçus une lettre de lui, la dernière. Elle était affectueuse et spirituelle comme toujours. Il parlait de tout et de tous, mais les dernières lignes m'émurent vivement. Contre son habitude, il parlait de lui, il m'avouait ses tristesses, ses souffrances : « Vous voyez s'il est gai pour moi, écrivait-il, « de prendre la plume d'une main à demi « paralysée pour raconter de pareilles choses. « Excusez-moi donc si, écrivant avec tant de « peine, mes lettres deviennent de plus en plus

« rares ; que les vôtres me consolent un peu « en devenant plus fréquentes. »

C'était un appel, presque un adieu ; j'allai le rejoindre.

Quelques jours après, il s'alita. Toute illusion était impossible et il ne s'en fit pas à lui-même. La mort approchait.

C'est là le maître jour, a dit Montaigne. On voit l'homme dans sa vérité, on mesure la fermeté de son âme, on sait si ses discours partaient de la bouche ou du cœur.

M. Mandet ne fut pas effrayé devant la mort ; elle n'était plus pour lui que le passage à la vie éternelle. Il la vit venir sans faiblesse, un doux sourire aux lèvres, semblant dire : « Je suis « prêt. » Opérations cruelles, souffrances irritantes, lancinantes angoisses, il supporta tout sans se plaindre et son caractère resta ce qu'il avait toujours été, prévenant, gracieux, sensible. Sa verve était restée la même et l'on éprouvait une étrange impression à attendre sortir de ce lit de douleur des mots pétillants d'esprit, des reparties promptes, originales, presque gaies.

Dans cette longue agonie du corps qui dura quinze jours, l'âme ne subit pas la plus légère atteinte. Ceux qu'il aimait étaient près de lui. Il pensait à eux, à leur avenir, à leur bonheur. Cette flamme d'affection qu'il avait toujours entretenue dans son cœur brillait avant de s'éteindre d'un éclat plus vif et plus pur.

Il voulut recevoir les secours de la religion dans la plénitude de son intelligence.

Puis, à chacun il fit les suprêmes adieux. « N'attendons pas le dernier moment », nous dit-il. Il eut des mots charmants pour sa femme, pour ses fils, pour sa fille chérie, pour nous tous ses amis et pour ses serviteurs qui l'aimaient tant.

Le 22, les forces diminuèrent. Il parlait moins, mais il était heureux de nous voir autour de lui et il nous souriait. Le lendemain matin, fatigué des angoisses d'une nuit sans sommeil, il dit : « Je ne croyais pas que ce fût « si long pour mourir. » Et comme on lui répondait par des sanglots : « Ne pleurez pas, « murmura-t-il, c'est une délivrance ! » Ce fut sa seule plainte. Quelques heures après [1], il rendait le dernier soupir entre les bras de sa fille dont l'énergie dans cette longue épreuve avait été à la hauteur de la sienne.

J'ai tenu à rappeler les faits principaux de la vie de M. Francisque Mandet, nos collègues de la Société du Musée m'en avaient confié le soin [2]; mais je me sens impuissant à représenter l'homme lui-même. Peintres et sculpteurs ont tenté de reproduire cette physionomie fine, mobile où les impressions, toujours vivement ressenties, trahissaient la pensée avant même la parole; ils n'y ont pas toujours réussi ; serais-je plus heureux avec la plume dans une analyse psychologique?

L'homme, a-t-on dit souvent, se juge à ses ouvrages. M. Mandet laisse des travaux qui

1. Voir appendice, note 6.
2. Voir appendice, note 7.

perpétueront sa mémoire, mais qui ne le font pas connaître tout entier Ils ne mettent pas suffisamment en relief son caractère, sa bonté, son esprit.

Il ne m'a jamais été donné de rencontrer un homme plus loyal, plus ouvert, plus passionné pour le vrai. En toutes choses il allait droit au but. Les détours, les réserves, les prudences de langage n'étaient point son fait. Déguiser sa pensée lui eût d'ailleurs été impossible; elle se lisait de suite dans sa physionomie expressive, puis elle éclatait, souvent malgré lui, dans sa parole ardente. Avec lui, tout malentendu était impossible. Avait-il un grief contre quelqu'un? Il le lui disait avec vivacité, quelquefois même avec emportement, mais la phrase n'était pas finie que sa fragile rancune n'était plus. Sa préoccupation était de ne rien garder au cœur qui pût faire germer en lui un mauvais sentiment.

Pour tous ceux qui l'ont connu, M. Mandet était un sage. Il cherchait le bonheur en lui-même et savait borner ses désirs. Jamais il ne convoita ni l'argent ni les honneurs. Dans deux circonstances il put arriver aux plus hautes fonctions de la magistrature, il ne le voulut point, et s'il connut l'ambition, ce fut pour ceux qu'il aimait.

Il apportait dans l'amitié son âme tout entière ; il y trouva des satisfactions qui firent le bonheur de sa vie. Quelques déceptions, quelques souffrances atteignirent parfois son cœur, mais sans le changer, car il ne voulait pas de l'expérience qui fait les indifférents et les sceptiques. « Quand on n'aime plus trop, répétait-il souvent, on n'aime plus assez. »

Ces dons précieux du cœur étaient mis en valeur par cette faculté spéciale qui voit vite, qui brille et qui frappe, je veux dire l'esprit. Quel que fût le sujet traité, M. Mandet lui donnait un étonnant relief par la soudaineté des idées, par l'inattendu des rapprochements. C'était un pétillement de pensées agréables. Jamais d'attaques ni de personnalités. M. Mandet avait la riposte prompte, vive; mais sa critique était discrète, toujours juste. Chez lui, l'esprit était la grâce du bon sens.

Parlerai-je de sa connaissance des hommes? Elle lui avait donné l'indulgence: en toutes choses il était tolérant; très jaloux de sa propre indépendance, il se montrait libéral pour les autres, ce qui est la forme la plus rare du libéralisme.

Par cet ensemble de qualités il a été beaucoup aimé et beaucoup pleuré.

Et si quelques-uns remarquent que dans mon travail aucune critique n'est venue, suivant les préceptes d'une rhétorique bien ordonnée, faire contraste à l'éloge, je réponds que ceci est une œuvre de bonne foi, et je rappelle, en finissant, cette phrase que m'écrivait le président Bertrand, du Puy: « Vous préparez, me disait-il, la biographie de mon vieil ami Mandet, dites-en du bien, beaucoup de bien. Puissiez-vous le louer autant qu'il le mérite! »

OBSÈQUES

DE

M. FRANCISQUE MANDET

Le 24 juin 1885, ont eu lieu, à Riom, au milieu d'un grand concours de population, les obsèques de M. Francisque Mandet, conseiller honoraire à la Cour d'appel de Riom, officier de la Légion d'honneur, officier de l'instruction publique, membre correspondant de l'Institut, président honoraire de la Société du Musée de Riom et directeur du Musée, décédé, le 23 juin, à l'âge de soixante-treize ans.

Les cordons du poêle étaient tenus par

MM. Tunis, président de chambre à la Cour d'appel; Mulsant et Verdier, conseillers à la Cour d'appel; Caron, avocat général près la Cour d'appel; Chotard, doyen de la Faculté des lettres de Clermont-Ferrand; Deschamps, membre du conseil municipal de la ville de Riom et du Bureau de bienfaisance.

Le deuil était conduit par M. Alfred Mandet et par MM. Girard, conseiller général, et Gomot, député.

Derrière la famille, marchait la Cour d'appel en robe rouge, dont une délégation a accompagné le convoi jusqu'au cimetière.

Les honneurs militaires ont été rendus par une compagnie du 86e de ligne.

La Société lyrique, dont le défunt était président honoraire, précédait, avec sa bannière couverte d'un crêpe, le char funèbre chargé de couronnes, parmi lesquelles on remarquait celle qui avait été adressée de Paris par les artistes d'Auvergne.

L'office a été célébré à l'église de Saint-Amable.

Sur le bord de la tombe de M. Mandet, des discours ont été prononcés par MM. :

Allary, premier président de la Cour d'appel, président de la Société du Musée de Riom, chevalier de la Légion d'honneur, au nom de la Cour;

Henri Bertrand, conseiller à la Cour d'appel, vice-président de la Société du Musée de Riom, au nom de cette Société;

Clausels, avocat, membre du conseil municipal de la ville de Riom, au nom de la ville;

Chotard, doyen de la Faculté des lettres de Clermont-Ferrand, chevalier de la Légion d'honneur, au nom de la Faculté des lettres;

Le docteur Girard, membre du conseil général, comme parent et ami du défunt.

I

DISCOURS PRONONCÉ PAR M. ALLARY,

Premier Président.

MESSIEURS,

Le deuil qui frappe les membres de cette famille éplorée n'aura pas ému seulement le pieux cortège dont les regrets entourent ce cercueil; il attristera encore, et ils sont nombreux, tous ceux à qui le nom de M. Francisque Mandet rappelle les plus beaux titres qu'un homme de bien, doué d'éminentes qualités, peut laisser de son passage sur cette fragile terre.

Le cher mort, sur lequel elle va bientôt se refermer, a occupé, en effet, une trop grande place dans l'affection de ses amis, l'estime de ses concitoyens et dans les suffrages du public qui a le culte des choses de l'intelligence, pour que sa perte ne soit pas cruellement ressentie. Elle a pour moi d'autant plus d'amertume que d'abord, au nom de la compagnie judiciaire à laquelle il a appartenu, ensuite comme enfant de la cité, devenu son insuffisant successeur dans la présidence d'une société qu'il a beaucoup aimée, enfin en invoquant l'inoubliable sympathie dont il daignait m'honorer, il me faut venir déposer sur sa tombe une couronne faite, hélas! de tristes fleurs écloses à l'ombre des mornes souvenirs.

Francisque Mandet naquit au Puy (Haute-Loire), le 29 août 1811. Mais sa famille avait d'anciennes et vivaces racines dans notre sol. De fortes études, l'ardent amour du savoir, une intelligence ouverte à toutes les connaissances qui forment le jugement et élèvent l'esprit, l'avaient préparé à la carrière judiciaire. Il l'a dignement parcourue. Inscrit au tableau des avocats du tribunal du Puy en 1835, il était, après huit années de succès au barreau, nommé substitut près ce siège. En 1848, il entrait dans le ressort de la Cour de Dijon en qualité de substitut du procureur général. Peu de mois après, les fonctions d'avocat général lui étaient confiées; puis, en 1849, toujours au même siège, il occupait celles de conseiller.

Ce rapide avancement témoigne de la valeur de ses services; s'il n'eût pas borné ses désirs à vivre désormais recueilli dans ses chères études, au sein des pures joies du sage, loin de la mêlée des ambitions, il eût pu, lui aussi, s'élever encore à de plus hautes charges judiciaires; mais il avait l'amour du sol qui avait été le berceau de sa famille. Il a voulu y mourir.

Rentré à Riom en 1850, il s'asseyait sur ce siège de conseiller où, plus tard, ses collègues furent heureux et fiers de saluer longtemps en lui le plus aimable, le plus patriarcal des doyens. La croix de chevalier de la Légion d'honneur ornait déjà sa poitrine, celle d'officier est venue ensuite récompenser légitimement ses mérites et décorer sa paisible retraite.

La majeure partie de l'existence de M. Mandet, celle de la riche moisson intellectuelle qu'il a cueillie, s'est donc écoulée parmi nous, et Riom peut, à juste titre, le compter au nombre de ses enfants bien-aimés. N'y laisse-t-il pas, en effet, les marques éclatantes de sa haute personnalité? Il y a fondé, développé, rendu fécondes des œuvres sûres de vivre pour l'honneur de notre ville et la consécration de sa mémoire.

La noblesse des sentiments de M. Mandet, la droiture des perceptions de sa conscience, sa ferme et lumineuse raison devaient, avant tout, faire de lui un magistrat religieusement pénétré de ses devoirs. Aussi, messieurs, jusqu'au jour qui, sonnant l'heure de sa retraite, le fit descendre de son siège où l'approche de la vieillesse ne l'avait pas un seul instant ému, qu'il avait, au contraire, accueilli avec son doux sourire habituel, plus sympathique que jamais sous la neige des ans qui avait blanchi sa noble tête, M. Mandet n'a cessé de pratiquer toutes les vertus du juge : une attentive recherche de la vérité, la sagesse des avis au sein des délibérations, et, dans l'application des lois, une fermeté qu'il alliait à un fonds de naturelle bienveillance.

Aux assises qu'il a longtemps présidées avec une rare distinction, il déployait les merveilleuses qualités de son intelligence si vive, si alerte. Habile et prompt à démasquer le mensonge qui cherche à égarer la justice, il savait conduire les débats les plus solennels avec une autorité, une loyauté de direction dont le souvenir est vivant au Palais.

Qui ne se rappelle ses brillants et solides résumés

de président ? Alors sa parole éloquente précise, nourrie de la forte étude des grands maîtres de notre langue, s'imposait avec cette puissance que donne le talent de bien dire, éclairait et charmait à la fois.

Vous parlerai-je enfin de ses rapports avec ses collègues ? Un parfum d'exquise courtoisie et de bonté le faisait aimer et vénérer de tous.

Son éloge, messieurs, serait trop long s'il fallait rappeler ici l'ensemble de ses qualités, exprimer comme il conviendrait l'unanimité des regrets que fait éprouver la disparition de cet éminent esprit. Mais, dans une autre enceinte, et plus fidèlement qu'au milieu des tristesses de ce jour, un solennel et public hommage sera rendu à la mémoire du magistrat.

La vie de M. Mandet n'appartient pas seulement au livre d'or du Palais ; il laisse après lui des travaux littéraires qui attestent de quels trésors sa remarquable intelligence était riche : archéologie, histoire, poétiques récits des temps passés, critiques d'art, il a abordé ces vastes champs d'étude, il y a puisé les éléments de beaux écrits, et, tour à tour, a fait œuvre de savant et d'artiste.

L'histoire de la langue romane, couronnée par l'Institut, les sept volumes sur le Velay suffiraient au renom de plus d'un écrivain de race.

Combien il affectionnait cette ancienne et noble province du Velay ! Il y avait grandi sous l'œil paternel. il y cultivait de chaudes amitiés ; aussi, en faisant revivre, sous sa plume élégante et pure, les grandes figures de son histoire, ses artistes, dont l'un des plus éminents fut l'ami de sa jeunesse, il a légué à la terre qui l'avait vu naître un monument littéraire de premier ordre.

Un autre va vous dire avec quelle sollicitude il a doté notre ville de la création du Musée et de cette Société dont elle est si justement fière.

Fin et délicat connaisseur du beau dans les arts, il est parvenu à remplir nos galeries de précieuses richesses. Jusqu'à son dernier jour il s'est dévoué à cette œuvre laborieuse. Il a droit à la reconnaissance publique. Il faut que son image vienne bientôt prendre place là où sont exposées, pour qu'il leur soit rendu hommage, les illustrations de notre pays.

Des vertus domestiques de l'homme privé, du libéralisme de ses idées, de ses familières et charmantes causeries, enfin de cette fleur d'urbanité, de haute distinction que respirait toute sa personne, vous avez été les témoins et les admirateurs.

En lui, rien qui ne fût plein d'attrait, enviable.

Et maintenant, messieurs, il ne reste que la froide dépouille; cette belle intelligence s'est éteinte, ce cœur généreux s'est glacé. Inclinons-nous devant Celui qui commande à la mort. Mêlons nos larmes à celles que versent la veuve et les enfants de cet homme regretté. Ils ont, eux aussi, les qualités de cœur et d'esprit dont il leur a donné le long exemple. Est-il plus bel héritage ?

La vertueuse compagne qui pleure l'époux dont elle fut la joie a été la chrétienne consolatrice des souffrances des derniers jours de celui qui nous quitte. L'amitié, elle aussi, a veillé attendrie à son chevet. C'est ainsi qu'entouré des siens qu'il a bénis, il a attendu et accueilli la mort avec la douce résignation que donne la foi en une autre vie, où, purifiées et rayonnantes d'immortalité, les âmes qui se sont aimées ici-bas se retrouveront pour rester désormais éternellement unies.

Adieu donc, cher et aimable vieillard! Vous, dont les aspirations, les sereines pensées ont toujours eu pour idéal la suprême bonté, le beau dans toutes ses manifestations, la vérité dans sa pure lumière, vous êtes remonté à leur divine source !

II

DISCOURS PRONONCÉ PAR M. BERTRAND,

Vice-président de la Société du Musée.

Messieurs,

Après les éloquentes paroles que vous venez d'entendre, il me siérait mal de vous parler, à mon tour, des qualités éminentes de celui que la mort vient de nous ravir. Des voix autorisées ont dit et rediront encore ce que fut M. Francisque Mandet comme magistrat, comme auteur de savantes études couronnées par l'Académie française, comme écrivain fécond et prodigue, comme historien de cette contrée si pittoresque de la France, imposante par les révolutions de son sol et par l'éclat de ses souvenirs, le Velay, où il était né et qu'il « aimait », comme il l'a dit lui-même, « de l'amour d'un fils ». Il en a décrit les antiquités celtiques et gallo-romaines, en a fait revivre les récits du moyen âge, a reconstitué ses monuments et a chanté ses écrivains et ses poètes. « Notre-Dame du Puy » lui a inspiré les pages les plus touchantes ; il en a tracé l'histoire avec les richesses de son imagination et les séductions de son esprit. Toujours fidèle à sa devise : « La légende, c'est la foi qui parle ; l'archéologie, c'est la science qui éclaire ; l'histoire, c'est le témoin qui dépose », il laisse une œuvre qui est une des assises du grand monument de l'histoire générale de notre pays.

Un éloge digne de lui sera écrit, au nom de la Société du Musée de Riom, par une main qui lui fut chère. Je viens seulement, comme membre de cette Société, apporter sur sa tombe mon humble tribut d'hommages émus, attristés, venant du cœur, comme ils doivent l'être lorsqu'il s'agit de la perte du vénéré et à jamais regretté président de notre Société.

M. Francisque Mandet n'était pas seulement un esprit distingué, un historien érudit, il était aussi un grand artiste. Il l'était d'intuition, de tempérament, de naissance. Tout en lui, la délicatesse de son esprit, la grâce de ses gestes, la fine expression de son visage, le feu de son regard, révélait l'art dans sa plus complète et charmante incarnation. Il était artiste comme il était poète, facilement, naturellement, comme l'oiseau chante et comme le cœur vibre; un souffle, une inspiration de la muse antique avaient passé en lui.

Avec de tels dons intellectuels et de telles aptitudes artistiques, M. Mandet était appelé à être un des premiers et des plus zélés instigateurs de la fondation, dans cette ville où il s'était fixé pour toujours, d'un Musée et d'une Société littéraire. On ne bâtit pas sans peine. Les débuts de l'œuvre furent pénibles. Tout était à créer. Chercher un asile, recueillir des adhésions, réunir patiemment les œuvres d'art, les collections, telle fut la tâche à accomplir. Celui que nous pleurons a souvent fait le récit — avec le secret de toujours le rajeunir et de toujours le rendre attrayant — des difficultés vaincues et des efforts incessants qui ont précédé le succès.

L'idée était élevée, généreuse, digne d'attirer les sympathies. Aussi l'historien des ducs de Bourgogne fut un des premiers à venir prendre place à côté de l'historien du Velay et à faire hommage au Musée de ses œuvres et de son portrait.

Les premiers membres de la Société, au nombre desquels figurait notre éminent président actuel, apportèrent tous leur part de science, de zèle, de lumières à la création d'une institution si glorieuse pour la ville; mais aucun ne s'y dévoua avec autant d'ardeur que M. Mandet, et, le jour où il a été proclamé par tous le « Fondateur du Musée de Riom », on a rendu simplement hommage à la vérité. Toujours sur la brèche parlant, écrivant, attirant à lui, déployant toutes les séductions de sa personne, usant de ses relations d'élite et d'étroite amitié avec de grands artistes, il a, en constituant un des plus beaux musées de la province, non seulement élevé un temple à l'art, mais légué une fortune artistique à ses concitoyens.

Une de ses plus remarquables conceptions a été la création d'une galerie des portraits des grands hommes de l'Auvergne, création heureuse entre toutes, puisqu'elle met en lumière et fait passer sous les yeux des visiteurs les gloires dont le sol de la vieille Arvernie est véritablement prodigue. Ceux qui sont du pays y retrouvent avec une pieuse émotion des visages connus, respectés, quelquefois de vrais souvenirs de famille, et les étrangers y voient groupés et réunis les grands noms que l'Auvergne sera toujours fière d'avoir fourni à l'histoire et de présenter à la postérité.

Dans nos séances littéraires, M. Mandet était le premier à se donner, à produire. Qui oubliera jamais ses rapports écoutés avec tant de charme, dans lesquels les questions mêmes de chiffres et de nomenclature devenaient attachantes, grâce aux réflexions élevées qu'il savait y mêler ! Ses réponses aux orateurs de nos réunions étaient empreintes de cette grâce et de cette verve française qui étaient en lui la qualité dominante.

Il avait au plus haut degré l'art de bien dire. Tout ce qui sortait de sa plume était habilement ciselé, tout ce qui tombait de ses lèvres était exquis. Aussi entendrons-nous longtemps, d'esprit et de cœur, l'écho de cette voix sonore et sympathique qui rendait avec tant de bonheur les moindres nuances de sa pensée. Cette pensée était souvent enthousiaste, toujours fine, quelquefois railleuse, jamais amère.

Causeur charmant, spirituel, donnant un tour piquant et léger à toutes choses, sachant communiquer au moindre récit une couleur vive et originale, il peignait avec sa parole comme avec sa plume. Artiste, il croyait que les objets sensibles ne sont que l'imitation d'un beau idéal et il y avait dans sa pensée une beauté spirituelle sur laquelle il tenait ses regards attachés et dont la contemplation dirigeait son esprit et son cœur. Bienveillant, ouvrant généreusement les trésors de ses profondes connaissances et de sa grande expérience, il pratiquait cette maxime du poète latin : « Montrer honnêtement le chemin à celui qui s'égare, c'est comme lui laisser allumer son flambeau au nôtre, qui n'en éclaire pas moins pour avoir allumé le sien. »

J'obéis à un sentiment personnel et intime en joignant l'expression de mes regrets à toutes les douleurs que suscite cette tombe. Admis, ces dernières années, à l'intimité de M. Mandet, j'ai eu l'honneur de voir briller les dernières étincelles de cette noble intelligence.

M. Mandet, fortifié par les espérances que donne au juste la foi chrétienne, a vu venir la mort sans effroi ; il s'est éteint au milieu des siens qu'il chérissait, près de l'ami dévoué qui l'a veillé jusqu'à la dernière heure, entouré de la respectueuse sympathie de la cité entière.

III

DISCOURS PRONONCÉ PAR M. CLAUSELS,

Conseiller municipal.

Messieurs,

Avant que cette tombe se ferme, avant que ce cortège d'amis se disperse, emportant de cette cérémonie funèbre les amères tristesses que nous infligent à tous et les vifs regrets que laisse celui qui n'est plus et la sympathie que nous vouons à ses chers survivants, permettez-moi de mêler ma voix à celles qui se sont fait entendre.

On vient de retracer en termes émus la vie de M. Francisque Mandet; on a évoqué le souvenir, si récent encore pour nous, du magistrat distingué et indépendant qui a su, par son caractère et par son talent, honorer toutes les fonctions qu'il a remplies avec éclat durant sa longue carrière. — D'autres vous ont dit toutes les qualités maîtresses de cet esprit éminent, chez lequel la grâce la plus exquise n'excluait ni l'étendue ni la profondeur des vues; — on vous a rappelé les merveilles de cette organisation si richement douée qui embrassait avec un égal succès l'étude des lettres et le culte des beaux-arts.

Aussi ne tenterai-je point de faire un portrait de

l'homme qu'on vous a dépeint déjà, avec une délicatesse de touche que commandait le sujet, et avec une autorité et une éloquence qui rendraient plus que téméraire tout nouvel essai de ma part.

Et puis, vous tous, ne le connaissiez-vous pas?

Si je prends la parole devant ce cercueil, c'est pour dire à M. Francisque Mandet un dernier, un suprême adieu, au nom de ses concitoyens dont il emporte l'estime et les unanimes regrets, au nom de cette ville de Riom dont il avait fait sa patrie d'adoption et qui ne comptait pas dans son sein d'enfant plus aimant et plus dévoué.

Cet enfant adoptif, la ville de Riom ne l'oubliera pas; elle ne saurait le faire sans ingratitude! Qui donc a plus fait pour elle? A qui doit-elle ce *Musée* qui fait son orgueil, et que nous envient toutes les villes voisines?

N'est-ce pas M. Mandet qui l'en a dotée?

N'est-ce pas à son amour pour les arts, à son ardent désir d'en développer le goût; n'est-ce pas à sa persévérance, à sa sollicitude, à ses efforts de tous les instants que nous devons d'avoir vu naître et grandir parmi nous cette institution artistique qui, à juste titre, pourrait porter son nom, mais qui, à coup sûr, le rappellera toujours?

La place d'un homme tel que M. Mandet était marquée dans les conseils de la cité. A six reprises différentes il a été appelé au conseil municipal, où, pendant de longues années, il a prodigué les trésors d'une intelligence pleine de vigueur et d'une expérience des affaires toujours soutenues et réconfortées par le désir de faire le bien.

Pendant longtemps aussi il a fait partie du bureau de bienfaisance, dont il était l'un des membres les plus zélés, trouvant là, messieurs, une occasion nouvelle de mettre au service de l'intérêt public les qualités de l'administrateur et celles non moins éminentes chez lui de l'homme de cœur.

Il quitta ces diverses fonctions volontairement et lorsqu'il crut sentir ses forces défaillir. Il avait certes de beaucoup devancé l'heure où ses services auraient cessé d'être précieux; mais son extrême délicatesse lui avait fait exagérer ses scrupules : il se retira, accompagné dans sa retraite des regrets de tous ses collègues dont les vives sollicitations n'avaient pu le retenir.

Enfin, la Société lyrique perd en M. Mandet un de ses fondateurs, un de ses plus fermes soutiens dans les moments difficiles qu'elle a traversés; — elle n'oubliera pas que son ancien président, qui avait bien voulu lui rester uni en qualité de président honoraire, fut son bienfaiteur vénéré; — et c'est avec la plus profonde douleur qu'elle vient s'incliner sur sa tombe et apporter le tribut de son deuil sincère à sa famille éplorée.

Après une existence aussi bien remplie que celle de M. Mandet, tout est-il fini, messieurs? — N'y a-t-il pour lui derrière la tombe que le silence éternel et le néant? — Il ne le pensait pas, lui, qui nous a donné le spectacle du juste affrontant la mort sans effroi : — « Nos amis ne nous quittent pas, — a dit un ancien, — ils nous devancent; ils ne sont pas saisis par la mort, ils entrent dans l'éternité. »

Ce que M. Mandet croyait fermement, messieurs, croyons-le avec lui. — Cette espérance est réconfortante pour ceux qui restent. — Elle est salutaire même pour ceux qui doutent.

Si, dans une vie future, on doit recueillir la récompense méritée ici-bas, elle est acquise, messieurs, à celui que nous accompagnons à sa dernière demeure et auquel toute la population a fait de si sympathiques funérailles.

Au nom de cette population riomoise dont vous avez si bien mérité l'estime,

Au nom de cette cité qui perd en vous un des meilleurs parmi les siens,

Au nom de vos amis qui vous pleurent,

Francisque Mandet, adieu ! ou plutôt — espérons-le — au revoir !

IV

DISCOURS PRONONCÉ PAR M. CHOTARD,

Doyen de la Faculté des lettres.

Messieurs,

Je tiens à honneur de remercier la Société du Musée d'avoir associé la Faculté des lettres de Clermont à la douleur qu'elle éprouve devant cette tombe qui va se fermer. M. Mandet nous aimait; il se plaisait à venir au-devant de nous et à nous appeler à lui ; il nous estimait autant qu'il nous aimait, et il pensait que notre parole était agréable aux hommes d'élite qui ont formé avec lui cette généreuse et aimable Compagnie, dont il a été la bien digne personnification.

Nous venions aussi volontiers qu'il nous appelait, et si nous lui apportions le tribut de nos études, il savait nous en récompenser par les éloges trop flatteurs sans doute qui suivaient toujours nos conférences, et qu'il donnait avec une admirable délicatesse et avec un goût incomparable. Il avait la grâce et le charme et il en parait tout ce qui sortait de sa bouche et de sa plume.

Aussi, messieurs, nous restera-t-il bien cher, et chaque fois que nous reviendrons dans la salle de vos réunions, il nous semblera entendre comme un écho de sa voix. Vous lui avez choisi du reste un éminent successeur, qui, en perpétuant des traditions déjà anciennes, resserrera les liens qui nous unissent à vous et qui ne sauraient se briser.

V

DISCOURS PRONONCÉ PAR M. GIRARD.

MESSIEURS,

Laissez-moi m'incliner à mon tour devant la tombe d'un ami et d'un parent.

D'autres ont célébré à plus juste titre les qualités brillantes de son esprit, son extrême délicatesse artistique, ses talents oratoires et littéraires et le monument précieux élevé par ses soins à la gloire de notre cité. J'apporte ici l'hommage modeste de l'amitié. C'est au souvenir de ses affectueux conseils, de ses avis toujours sages, de sa tendre sollicitude que je viens déposer cette couronne funèbre.

Il nous est doux de lui rendre cet hommage; il est consolant pour nous d'exprimer hautement notre reconnaissance, et je me fais un devoir de la faire éclater comme une satisfaction à nos cœurs déchirés, comme un soulagement à notre douleur.

Tant que nous ne serons pas venus dormir auprès de lui dans ce champ des morts, où, lui aussi, il m'a accompagné et soutenu pour y ensevelir tous les miens, nous redirons ce qu'il a fait pour son pays, pour ses amis et pour nous.

Adieu, vieil ami de notre jeunesse! Je viens rappeler sur ta tombe le dernier serrement de mains, le dernier baiser que tu nous as donné lorsque, calme et tranquille, tu regardais venir la mort en nous souriant.

Adieu donc, bon ami! Puissions-nous vivre et mourir comme toi!

APPENDICE

APPENDICE

NOTE I.

Extrait des registres de l'état civil de la ville du Puy, déposé au greffe du tribunal civil de ladite ville.

ACTE DE NAISSANCE.

L'an mil huit cent onze, le trente août, par-devant nous François Dugone, maire, officier de l'état civil de la ville du Puy, chef-lieu du département de la Haute-Loire, est comparu M. Antoine Mandet, avocat, habitant de cette ville, rue de Montpeyroux, section B, nº 29, lequel nous a présenté un enfant du sexe masculin, né le jour d'hier, à sept heures trois quarts du soir, de lui déclarant et de dame Marie-Thérèse-Justine-Adelphine Parouty, son épouse, auquel il a donné les prénoms de Pierre-François-Jean-Gilbert. Lesdites déclaration et présentation faites en présence de messieurs Pierre-François Parouty, propriétaire et rentier, aïeul maternel de l'enfant, habitant de la ville de Clermont-Ferrand, et Antoine Mandet des Lamis, avocat et oncle paternel dudit enfant, habitant de la ville de Riom, département du Puy-de-Dôme, majeurs, lesquels ont signé avec le père et nous le présent acte, après qu'il leur en a été fait lecture.

Suivent les signatures Parouty, Mandet des Lamis, Mandet, Dugone.

Pour extrait conforme délivré par le greffier soussigné.

LANIER.

Note 2.

État des services de M. F. Mandet.

Naissance : 29 août 1811.
Bachelier ès lettres : 2 août 1830.
Licencié en droit : 11 février 1835.
Avocat : 10 mars 1835.
Membre correspondant de l'Institut : 4 décembre 1839.
Substitut au Puy : 1er juillet 1843.
Substitut du procureur général à Dijon : 1er avril 1848.
Avocat général à Dijon : 27 novembre 1848.
Conseiller à Dijon : 8 août 1849.
Conseiller à Riom : 7 avril 1850.
Chevalier de la Légion d'honneur : 3 novembre 1863.
Officier de l'Instruction publique : 1876.
Officier de la Légion d'honneur : 3 juin 1881.
Conseiller honoraire : 30 novembre 1881.

Note 3.

Délibération du conseil municipal de Riom donnant au musée de la ville le nom de MUSÉE MANDET.

L'an mil huit cent quatre-vingt-cinq, le quinze juillet, le conseil municipal de la ville de Riom, convoqué par M. le maire le dix dudit mois, s'est réuni à sept heures et demie du soir, à l'hôtel de ville dans le lieu ordinaire de ses séances.

Etaient présents : MM. Savarin, maire ; Gial, adjoint ; Girard, Leboyer, Deschamps, Sauret, Taillon, Riccaz, Clausels, Robert, du Corail, Achalme, Godemel, Salvy, Aguilhon et Charles-Raymond.

M. le maire donne la parole à M. Girard, qui s'exprime ainsi :

« Messieurs, nous avons l'honneur, M. Clausels et moi, de « proposer au conseil ce qui suit : vous savez, messieurs, quel « est le rôle joué par M. Francisque Mandet dans la fondation, « l'établissement et le succès du musée de notre ville ; grâce à « son initiative, à son esprit organisateur, le musée et la société « de ce nom se sont fondés. L'un est la preuve du goût de nos « concitoyens et de leur amour pour les arts ; l'autre, par l'em- « ploi de ses cotisations à l'achat d'objets d'art ou à l'entretien « du monument, a fortement contribué à en augmenter la valeur. « C'est une véritable richesse artistique que nous devons à ces « heureuses combinaisons.

« En présence de résultats aussi précieux, nous venons pro- « poser au conseil d'attribuer au musée de la ville le nom de « M. Mandet, et nous croyons être dans cette circonstance les « interprètes de tous nos collègues.

« Nous proposons donc que dans la délibération de ce jour

« il soit décidé que désormais le musée de Riom portera le nom « de MUSÉE MANDET. »

Sur quoi le conseil, à l'unanimité, et par acclamation, adopte la proposition ci-dessus.

Fait et délibéré à Riom, en l'hôtel de ville, lesdits jour et an.

Au registre sont les signatures.

Pour copie conforme :

Le maire,

SAVARIN

Note 4.

Nous donnons ici quelques descriptions d'œuvres d'art tirées des rapports de M. Mandet à la Société du Musée. Le lecteur nous saura assurément gré de les reproduire.

Rapport du 26 décembre 1867.

LA *PSYCHÉ* D'AMAURY-DUVAL.

Cette fraîche et délicate composition, vous la connaissez : Psyché est gracieusement couchée sur un lit d'ivoire; la lampe qui brûle à ses côtés sur un trépied d'or est bien près de s'éteindre. Déjà les molles clartés du jour glissent sur les lambris et pénètrent dans ce sanctuaire mystérieux qu'un Dieu vainqueur vient de quitter.

Ce n'est plus l'innocente enfant qui reçoit sur son front virginal le premier baiser de l'amour, et dont Gérard a si poétiquement rendu la chasteté divine. Ce n'est pas davantage la jeune fille aux ailes de rose que Curzon a voulu peindre fuyant le sombre empire après avoir ravi le trésor de Proserpine. C'est l'épouse aimée de Cupidon dont Apulée raconte en traits ravissants la symbolique histoire, et qu'Amaury-Duval nous révèle dans toute sa splendeur au moment où l'étincelle céleste l'anime et l'enflamme.

Une draperie lilas, constellée d'étoiles d'or, tombe en plis harmonieux du côté d'où vient la lumière et la reflète en lueurs chaudes et nacrées sur ce corps charmant qu'aucun voile ne cache. L'œil noyé dans l'extase, elle relève languissamment son bras sur sa tête appesantie, et dans son abandon laisse se dénouer et se répandre sur sa couche les flots de sa blonde chevelure. L'amante si vantée de Praxitèle et d'Hypéride ne montra jamais à l'aréopage ébloui une plus triomphante beauté.

L'ordonnance du tableau est d'un goût exquis, d'une sobriété parfaite. Elle rappelle les plus délicates fresques des temples de la Grèce antique et semble n'emprunter qu'à regret le secours d'ornements secondaires. — Psyché est là en souveraine, inondée de lumière, de jeunesse et de grâce. Comme s'il eût voulu, par la virginité même du coloris, faire ressortir dans tout son éclat l'épanouissement de cette figure enchanteresse, l'artiste a choisi les nuances les plus tendres, les plus calmes, les plus éthérées; de telle sorte que le charme de sa peinture résulte précisément de ces teintes prestigieuses de perle et d'opale merveilleusement favorables au relief du sujet principal.

Cette peinture est signée ; mais, à vrai dire, une œuvre à ce point magistrale n'en a jamais besoin. Personne en effet ne touche au grand art avec un sentiment de la forme plus correct et plus pur. En face de son modèle, Amaury Duval est scrupuleux jusqu'à l'obstination. Le type choisi lui devient cher, c'est avec amour qu'il le réalise ; puis l'image obtenue, le style la transfigure et l'idéal apparaît... Ainsi font tous les grands et vrais artistes. Chez celui-là la modestie égale le talent, et ce qui laisserait croire parfois qu'elle va jusqu'à le faire douter de lui-même, c'est que dans chacun de ses ouvrages on sent bien moins apparaître la joie du succès qu'il obtient que le tourment de la perfection à laquelle il aspire. Par certains côtés attrayants et doux, il rappelle vaguement ces peintres convaincus des anciens jours. Comme eux, il est consiencieux, sincère, sans violences, sans rudesses ; comme eux il aime la belle lumière et cherche avec passion le secret de la fixer pour toujours.

Rapport du 15 décembre 1868.

LE PETIT BUSTE EN BRONZE

DE L'EMPEREUR CHARLES-QUINT

Examinez-le avec l'intérêt qu'il mérite ; il serait, je crois, difficile de rencontrer un spécimen plus parfait de l'art du fondeur et du ciseleur au XVIe siècle. Le métal en est très pur, la patine brillante dont il est recouvert s'est peu à peu accentuée sous les chaudes estompes du temps. On sent vivre, on sent penser cette tête auguste que couronne un laurier d'or, mais que plus d'une amertume attriste et désenchante.

Telle est la propriété merveilleuse des beaux bronzes, qu'ils arrivent aussi bien, et parfois mieux encore que la peinture, à produire par la seule opposition des creux et des reliefs, des ombres et des lumières, des parties mates et de celles que les frottements lustrent sans cesse, les plus surprenantes illusions.

La joie, la douleur, ce qui est grave, ce qui est frivole, n'ont pas d'interprètes plus saisissants et mieux compris. Quand les feux irisés des cristaux frappent leur robe chatoyante et mordorée au milieu des splendeurs d'une fête de nuit, ils en font jaillir toutes les étincelles du luxe et des folles ivresses ; quand, au contraire, leurs lignes vigoureuses se dessinent sur le jour plus calme des palais, des églises, des champs de sépulture, il n'est rien d'égal aux sévères impressions dont ils remplissent les imaginations émues. .

Toutes les parties de l'effigie impériale que nous possédons sont traitées avec soin ; la ressemblance est là aussi frappante que dans le beau portrait du Titien. On dirait que cette chevelure, cette barbe si touffues, ont été fouillées par les limes de Cellini, tant l'air les pénètre. Pas une saillie de la face, pas un pli du front, pas un mouvement de la bouche qui n'aient été fidèlement observés, étudiés, traduits. Ce n'est pas seulement à l'exactitude des traits que s'est appliqué l'intelligent artiste : il avait à saisir dans les palpitations mêmes de la vie un des plus puissants génies de son siècle, et c'est le caractère impérieux et fier, c'est la mélancolie de ce modèle redoutable qu'il a voulu fixer aussi sur l'austère visage. Rien n'est oublié, ni les lignes qui révèlent les passions, ni les rides déjà profondes qui trahissent la fatigue. La matière assouplie reflète tous les rayons dont s'illumine l'image du héros. Il n'est pas jusqu'à ces yeux d'argent, enchâssés dans leurs sombres paupières d'airain, qui n'expriment avec une incroyable vérité les déceptions et les ennuis de cette grande âme lassée de gouverner le monde.

Rapport 1879-80. Page 13.

TÊTE D'EXPRESSION ET AUTRES TRAVAUX

PAR MOMBUR

J'avais omis dans mon dernier rapport de vous parler d'une tête d'expression, offerte à notre musée par M. Mombur, d'Ennezat, élève de l'École des beaux-arts. Cet hommage de notre jeune compatriote laissait déjà visiblement pressentir, par un dessin savant et vigoureux, par un modelé souple et plein de grâce, des qualités vraiment exceptionnelles. Si je rappelle un peu tardivement aujourd'hui cette excellente étude, c'est moins dans l'intention de m'y arrêter que dans le but de vous dire quelques mots relatifs aux œuvres récentes de l'auteur.

M. Mombur entrait en loge pour le concours de 1879 et en

sortait avec le *premier* second grand prix de Rome. Le sujet à représenter en bas-relief de grande dimension était le retour du fils de Tobie au moment où il rend la vue à son père. — La scène se passe à Ninive. Tobie est assis devant sa maison. Il ne peut voir venir celui qu'il attend, mais il est averti de son arrivée par le bruit de ses pas, et tend alors de son côté ses bras entr'ouverts. Avant de prononcer une parole, le fils s'approche, se penche et passe avec une délicatesse extrême sur les yeux de l'aveugle le fiel de poisson apporté pour le guérir. Le père est tout à la joie de retrouver son enfant chéri, l'enfant comprime jusqu'aux battements de son cœur pour que sa main ne tremble pas; la vieille mère, grave et debout, regarde avec anxiété : derrière se tient le jeune inconnu qui accompagna le voyageur et le protégea contre les embûches de la route. Sous une forme humaine, ce guide divin, inspirateur de la sagesse, c'est la conscience vigilante, c'est l'ange Gabriel lui-même qui, sa mission achevée, va reprendre ses ailes et remonter au ciel. Enfin au milieu du groupe patriarcal, la tête caressante du chien du logis repose sur les genoux de son maître comme un touchant emblème de tendresse et de fidélité.

Toutes les personnes qui ont vu ce bas-relief ont été frappées de son air de grandeur et de simplicité. Le contraste produit par les membres débiles du père, rapprochés de ceux du fils, resplendissants de vigueur et de jeunesse, constitue une fort belle étude du corps humain aux âges opposés de la vie. En les disposant avec cet art, pour en permettre la comparaison, M. Mombur a fait preuve d'incontestables connaissances. Par la manière ingénieuse dont il a su grouper, animer ses figures, il a montré qu'au talent de modeleur habile, il joignait celui de compositeur inspiré. Son drame est vivant, le récit de la Bible est supérieurement interprété, et l'on sent comme un souffle des beaux temps de la Grèce répandu sur cette œuvre austère.

. . . .

Le sujet proposé cette année au grand concours était celui-ci : « Ayant dissipé tout son bien dans la débauche, l'enfant prodigue rentre en lui-même, pense à ses parents et se décide à aller les rejoindre. » Voilà, il faut en convenir, un étrange élément d'inspiration, pour une figure à pétrir en terre glaise, qu'un homme rentrant en lui-même !

. . . .

La composition n'est plus cette fois un bas-relief, c'est une statue de grandeur naturelle et debout. Elle représente un jeune homme, un bâton de pâtre à la main, gardant les pourceaux, ainsi que l'indique un de ces animaux immondes placés près de lui. La souffrance se lit sur ses traits amaigris, la tête est inclinée; le visage, triste et pensif, semble absorbé dans de douloureuses réflexions, tandis qu'un geste très significatif de la main droite, légèrement soulevée en avant, exprime une résolution soudaine qu'on pourrait traduire par ces mots : « C'est décidé, je pars ! »

En réalité, c'est bien comme cela que doit être représenté l'enfant prodigue au moment où, abandonné de tous, plongé dans le plus complet dénuement, son cœur ému se reporte aux jours heureux de la jeunesse. Il entend, comme au réveil d'un sommeil affreux, ses parents qui l'appellent, il revoit son père dont il était tendrement aimé, prêt au pardon, prêt à l'oubli, n'attendant qu'une larme de repentir pour le serrer dans ses bras et fêter son retour.

La souveraine préoccupation de l'artiste a été de s'assimiler d'abord son sujet de manière à en faire ressortir l'interprétation la plus noble, la plus élevée. Puis, sans rien négliger dans la recherche de la perfection de la forme, il s'est appliqué par-dessus tout à atteindre une pureté de style, une vérité de couleur qui impriment sur l'œuvre le cachet de distinction seul capable de la protéger dans l'avenir. Au point de vue plastique, sa figure est une belle étude académique de l'antiquité. La pose est élégante, l'attitude svelte, le corps entier modelé avec une rare intelligence de la nature. — Deux ans se sont à peine écoulés, l'élève est devenu maître. Voilà pourquoi, messieurs, nous conserverons précieusement la tête d'expression de

M. Mombur offerte à la première étape d'une carrière qui s'annonce à la fois si sérieuse et si brillante.

Rapport 1879-80. Page 35.

MASCARADE ITALIENNE

PAR PIETRO LONGHI DE VENISE

Pierre Longhi, peintre du XVIIIe siècle, jouissait de son temps d'une réputation suffisamment populaire pour que ses tableaux fussent chèrement vendus. Quoique originaire et habitant de Venise, il n'eut jamais la prétention de se rattacher à la grande école dont Titien, Véronèse, Tintoret sont restés l'éclatante personnification. Son vol fut moins élevé. Il composait, d'habitude, de petites toiles de chevalet très agréables. Parmi ses sujets préférés et souvent répétés, on cite les Mascarades de la Comédie italienne. La toile que nous avons est précisément une des variations favorites de ce thème de carnaval dont les arlequins et les pierrots donnent depuis longtemps la note étourdissante et joyeuse.

Ce genre n'est pas scrupuleux; il est aimable, léger, provocant; chez lui tout s'ingénie à mieux tromper pour plaire. Si la coquetterie fait son jeu, l'intrigue est son domaine. Le déguisement avec ses privautés y excite l'esprit, ajoute à l'audace et, quand le masque tombe, loin de s'évanouir, le héros ose encore se poser en vainqueur.

C'est au bal qu'est son triomphe. — La mascarade de Longhi s'ébat en plein air, en plein jour, comme chez Watteau, dans un jardin princier, à l'ombre d'un palais dont les terrasses de marbre servent de tribunes aux spectateurs enchantés de la fête.

Le dernier carrosse vient d'arriver, la troupe est au complet, les violons, les hautbois, les basses, les guitares font rage; la danse a commencé. Un Andalous, robuste et bien cambré, se livre à toutes les élégances chorégraphiques dont est capable un bel Espagnol heureux d'être admiré. La jeune señora qui lui fait vis-à-vis n'a pas moins de désinvolture; elle sait à ravir son fandango et soulève, en l'étalant, sa robe de gala. La belle a du ballon, du jarret, prend du large et s'avance avec grâce. Pendant ce temps Pierrot applaudit, Cassandre épie en grommelant, Arlequin jase avec Colombine, Léandre amoureux fait les yeux doux à Isabelle, cachée derrière son éventail, et la duègne, qui n'y voit goutte, savoure un chocolat exquis.

Dans le fond se presse et fourmille le gros de la bande affolée; on s'y perd. C'est une foule barbue, moustachue, vieillie, enlaidie à faire peur; chapeaux pointus, faux nez, faux toupets, perruques noires, perruques blanches, têtes rébarbatives, mais, par opposition, à travers la mêlée, un choix charmant d'Angéliques, d'Agnès, de Lucindes en possession des plus jolis visages; minois mutins, gracieux, coquets, vraiment touchés de main de maître. Regardez, rien n'y manque : la délicatesse des traits, la finesse de l'expression, le charme du coloris, le blanc de perle, le rose, le carmin, la poudre ambrée et la mouche assassine. Quant au reste, aux robes, aux falbalas, aux rubans, aux fanfreluches, ce sont défroques de théâtre bientôt flétries, consternées et pendantes; l'artiste les traite rudement et les brosse à la diable.

Cependant, messieurs, ne vous y trompez pas, cette façon rapide et train d'un seul coup de pinceau dans la pâte épaisse n'est pas si commode à produire. Dans un tableau semblable tout est opposition; le repoussoir est nécessaire à l'effet, et le talent du peintre qui le comprend consiste à savoir en tirer avantage.

Rapport du 27 novembre 1880. Page 19.

SORTIE D'UNE ÉGLISE DE VILLAGE DANS LA HAUTE AUVERGNE

PAR NICOLAS BERTHON

Rien de plus simple, d'un sentiment plus local que le sujet choisi par M. Berthon. A droite s'élève une vieille église aux murailles blanches; à gauche apparaissent les premières maisons d'un chétif hameau dont les toitures en dalles grises descendent inclinées presque jusqu'au sol pour protéger les habitants contre les atteintes des bourrasques d'hiver. Au milieu s'étend une place immense et nue; à l'horizon émergent des vapeurs argentées de l'aurore, quelques sommets lointains. Sur cette scène rustique, resplendit dans l'azur un ciel limpide comme on en rencontre seulement dans les montagnes de la haute Auvergne. C'est le matin, la messe vient de finir, les fidèles ont descendu les marches de l'humble chapelle romane; les uns se sont arrêtés un instant pour parler de leurs affaires, les autres regagnent en toute hâte le logis resté solitaire.

L'impression dont on est subitement frappé en face de ce tableau naît de l'effet produit par la vue de ces pauvres montagnards au teint hâlé, à la physionomie mélancolique, et par le ciel radieux qui les inonde de son éblouissante clarté. Dans l'étude de ces contrées un peu sauvages, l'artiste s'est particulièrement appliqué à les montrer sous ce double aspect : il oppose la morne tristesse des gens à la splendeur du paysage. En cela, il est photographe et poète. Poète par l'inspiration, photographe par une scrupuleuse exactitude. Son esprit observateur se révèle dans les moindres détails de mœurs, d'habitudes, de costumes. On dirait que ses personnages sont venus poser tour à tour devant lui. Ils ne se ressemblent pas; cependant, à les bien considérer, on retrouve dans leurs traits l'empreinte d'un type tellement marqué qu'on reconnaît de suite en chacun d'eux les fils d'une même race.

L'œuvre de M. Berthon est magistrale. Elle est simple et naturelle, sans que le réalisme qu'elle comporte ait rien d'exagéré. Tout y est rendu avec soin et mis habilement en place. L'encombrement est évité, l'air circule à travers les groupes dont certaines figures se détachent énergiquement sur les fonds lumineux qui leur servent de repoussoirs. On sent le souffle de l'art passer sur cette composition correcte et froide dans son dessin, mais réchauffée par un coloris d'un éclat, d'une suavité dont le charme est irrésistible.

Et maintenant, messieurs, s'il vous plaît de savoir pourquo l'auteur s'est ainsi généreusement séparé d'un tableau de cette importance, je vous dirai : M. Berthon, quoique né à Paris, est d'origine auvergnate. Il affectionne l'Auvergne d'une tendresse filiale. Depuis bien des années, ce peintre de cœur et de talent consacre sa vie à en reproduire les sites pittoresques et semble s'être donné la patriotique mission de la faire connaître, de la faire admirer. D'autres, leurs œuvres à peine achevées, les abandonnent aux vents de la fortune sans trop savoir où ces vents les emportent; lui, son plus vif désir est de voir les siennes conservées dans la province qui les lui inspira. Saluons donc, messieurs, d'une parole reconnaissante l'artiste généreux qui vient d'enrichir notre musée d'une toile digne de tous nos éloges!

LE TRIOMPHE DU PRINTEMPS

PLAFOND DE CORNET.

Nous venons d'admirer le printemps dans son épanouissement complet; Alphonse Cornet, notre habile décorateur, est impatient de le peindre à son tour sur le plafond du vestibule dans sa plus tendre efflorescence. — L'air s'allume, se réchauffe, se remplit d'aromes, les brises l'agitent avec amour et répandent à travers les espaces les germes infinis d'existences nouvelles. Les zéphirs, les sylphes, tous les génies élémentaires se ravivent, sortent des nuages, cherchent le soleil, s'abreuvent d'azur.

On aperçoit, à travers les voiles empourprés de l'aurore, le peuple ailé, joyeux et turbulent, se poursuivre, se lancer des flèches de feu, secouer sur la terre endormie les flambeaux qui vont éclairer son réveil. Ils s'enlacent de guirlandes, élèvent sur leurs têtes des branches triomphales, chantent en chœur l'hymne de l'éternelle résurrection, et la nature féconde, émue de leurs accords, sent déjà tressaillir son sein maternel.

Au centre montent les messagers du Printemps, portant aux Dieux les premiers fruits de la saison génératrice. Dans la partie inférieure, comme pour servir de bordure à ce tableau aérien, règne le long d'un balustre doré une sorte de galerie à jour, formée d'un treillage d'une extrême élégance. Sur ce treillage serpentent de jeunes branches dont la sève excitée s'élance, court, fait éclore feuilles et boutons aux extrémités de leurs brindilles. Puis, de distance en distance, des bouquets de fleurs, des touffes d'arbustes, de somptueuses draperies, de grands vases d'or, ornent magnifiquement le pourtour du fantastique édifice que de gracieux enfants animent de leurs jeux. L'un s'amuse d'un nid découvert sous la feuillée, l'autre emprisonne de beaux oiseaux dans une cage ; celui-ci, moins audacieux, s'effraye en face d'un paon superbe et, pour se le rendre favorable, lui offre d'une main tremblante les fruits de sa corbeille; ceux-là chantent, dansent follement au son d'instruments champêtres ; tous symbolisent les joies, les craintes de l'enfance, les plaisirs bientôt oubliés de la jeunesse. Ainsi l'artiste rappelle, par d'allégoriques images de l'antiquité païenne, les plus printaniers souvenirs de la vie.

Que vous dirai-je du talent de Cornet ? J'ai déjà épuisé en son honneur tout mon vocabulaire de justice et de reconnaissance. Il conçoit, il exécute avec une facilité prodigieuse ; son crayon n'a pas achevé l'esquisse que son pinceau a recouvert la toile et, néanmoins, constamment fidèle aux souveraines traditions de l'art, chez lui l'imagination du coloriste ne s'affranchit jamais des principes rigides imposés au dessinateur.

Peut-être aurais-je dû, messieurs, consacrer aux travaux artistiques dont je viens de vous entretenir un examen plus approfondi. Ils le méritaient sans doute ; cependant, je le confesse avec humilité, j'ai hâte de déserter Flore et son empire. Les grâces mythologiques ont des exigences qui s'accommodent mal d'une plume vieillie ; le style de l'écrivain est en cela semblable à la palette du peintre, si la fraîcheur lui manque, son coloris reste sans charme. Il faut de la jeunesse pour bien parler de ce qui est jeune et, quoi qu'on fasse, le fard sur des rides n'est pas la rose sur un frais visage.

NOTE 5.

La Société du Musée, dans sa séance du 11 août 1885, a décidé que le buste de M. Mandet serait placé à l'entrée des salles du Musée, et son portrait parmi les illustrations de l'Auvergne.

Le buste, en bronze, est l'œuvre de M. Monbur, et le portrait est de M. Alphonse Cornet.

NOTE 6.

MAIRIE DE LA VILLE DE RIOM

(PUY-DE-DÔME)

Extrait du registre des actes de décès.

L'an mil huit cent quatre-vingt-cinq, le vingt-trois juin, à deux heures du soir, devant nous, Antoine-Emile Savarin, maire de la ville de Riom, officier de l'état civil, ont comparu en l'hôtel de la mairie, M. Hippolyte Gomot, âgé de quarante-sept ans, député, membre du conseil général du Puy-de-Dôme, non parent du défunt, et M. Maurice Leyragne, âgé de cinquante-trois ans, chevalier de la Légion d'honneur, conseiller à la cour d'appel de Riom, cousin du défunt, tous deux domiciliés à Riom, lesquels nous ont déclaré que M. Mandet, Pierre-François-Jean-Gilbert, âgé de soixante-quatorze ans, officier de la Légion d'honneur et de l'Instruction publique, conseiller honoraire à la cour d'appel de Riom, directeur du Musée, demeurant en ladite ville, rue de l'Horloge, époux de Mme Clémence Rolland, fils de défunt M. Antoine Mandet et de défunte Mme Marie-Thérèse-Justine Parouty, est décédé dans son domicile ce matin à trois heures ainsi que nous nous en sommes assuré ; les déclarants ont signé avec nous, après lecture du présent acte de décès.

Au registre sont les signatures.

Le maire,

SAVARIN.

Note 7.

L'éloge de M. F. Mandet a été prononcé à la séance du 7 janvier 1887 de la Société du Musée au milieu d'un grand concours de membres.

Après la lecture, M. le premier Président Allary, président de la société, s'adressant à M. Gomot, a pris la parole en ces termes :

« Mon cher collègue,

« L'hommage que vous venez de rendre à la mémoire de notre ancien président, M. Francisque Mandet, a éloquemment traduit tout ce que la perte de l'homme dont vous avez retracé la carrière, si noblement remplie, a laissé, au cœur de chacun de nous, de profonds regrets et d'inoubliable reconnaissance.

« Vous l'avez fait revivre à nos yeux avec sa douce et sereine figure, sa séduisante aménité.

« Votre plume fidèle a rappelé les brillantes facultés de cet esprit d'élite, le riche trésor de son savoir, l'ampleur de ses études, l'exemplaire dignité du magistrat, du père de famille, son dévouement à l'œuvre féconde qu'il nous a léguée.

« Littérateur élégant, savant érudit, passionnément épris du beau dans tous les arts, M. Francisque Mandet a laissé ici la marque ineffable des merveilleuses aptitudes dont il était doué.

« Il fut le fondateur de notre Société, l'âme ardente qui la vivifia ; grâce à sa sollicitude de tous les jours, il a vu grandir cette œuvre qui lui était si chère, et il a pu en assurer l'avenir.

« A son goût éclairé, à ses actives et intelligentes recherches sont dues les belles collections de ce Musée, devenu l'honneur de notre ville. Aussi a-t-elle voulu, dans sa légitime gratitude, que le fronton de cet édifice perpétuât fièrement, aux yeux des générations futures, le nom et la mémoire de M. Francisque Mandet.

« L'éloge solennel de notre très regretté président demandait une voix autorisée. Cet honneur vous revenait de droit, mon cher collègue, car vous avez partagé ses labeurs, l'intimité de sa vie. Comme lui, vous vous êtes dévoué, et vous continuez, après lui, à vous dévouer toujours à la prospérité du Musée de notre chère cité.

« Il fallait aussi, pour traduire chaleureusement les sentiments de cette assemblée, que la voix émue d'un ami vînt déposer ici l'hommage dû à la mémoire de celui dont vous pouvez, mon cher collègue, vous enorgueillir d'avoir été beaucoup aimé.

« Avec vous qui avez si bien accompli cette pieuse tâche, et en vous en exprimant toute notre reconnaissance, nous saluons respectueusement le nom vénéré de M. Francisque Mandet. »

M. le conseiller Bertrand, vice-président, a ensuite demandé que le travail lu par M. Gomot, directeur du Musée, fût imprimé aux frais de la société; l'assemblée a accepté cette proposition par un vote unanime

A Quantin imprimeur.
r. S. Benoit, 7 à Paris

AUTRES OUVRAGES DE M. H. GOMOT

CHATELGUYON (Histoire et Légende).

L'ABBAYE ROYALE DE MOZAT.

LA PESTE NOIRE DE 1631.

LE CHATEAU FÉODAL DE TOURNOËL.

LE PEINTRE MARILHAT ET SON ŒUVRE.

www.ingramcontent.com/pod-product-compliance
Ingram Content Group UK Ltd.
Pitfield, Milton Keynes, MK11 3LW, UK
UKHW021051260726
13994UKWH00002B/511

9 782329 414966